HEYNE
RAT-
GEBER

In der Serie
HEYNE-ANTIQUITÄTENBÜCHER
sind außerdem erschienen:

Antiquitäten — Möbelstilkunde · 4324
Antiquitäten — Porzellan · 4340
Antiquitäten — Zinn · 4358
Antiquitäten — Gläser · 4370
Antiquitäten — Bauernmöbel · 4391
Antiquitäten — Englische Möbel · 4405
Antiquitäten — Jugendstil · 4409
Antiquitäten — Silber · 4414
Antiquitäten — Teppiche · 4428
Antiquitäten — Spielzeug · 4440
Antiquitäten — Art Déco · 4445
Antiquitäten — Uhren · 4448
Antiquitäten — Afrikanische Kunst · 4454
Antiquitäten — Gewehre · 4463
Antiquitäten — Antiquitäten als Kapitalanlage · 4467
Antiquitäten — Deutsche Möbel des Barock und Rokoko · 4469
Antiquitäten — Netsuke · 4474
Antiquitäten — Gründerzeit · 4479
Antiquitäten — Münzen des Mittelalters und der Neuzeit · 4485
Antiquitäten — Böhmische Gläser · 4492
Antiquitäten — Schmuck · 4501
Antiquitäten — Alter Hausrat · 4507
Antiquitäten — Antike Kleinkunst · 4516

Antiquitäten

UDO KNISPEL

Faustfeuerwaffen

Übersicht über Entwicklung und Ausbildung der einzelnen Waffentypen

Mit über 100 Zeichnungen und ausführlichem Register

Originalausgabe

WILHELM HEYNE VERLAG
MÜNCHEN

HEYNE-BUCH Nr. 4436
im Wilhelm Heyne Verlag, München

Wir danken der Graf Klenau OHG, München,
für die freundliche Unterstützung bei der Gestaltung
des Umschlags

3. Auflage

Printed in Germany 1977
Zeichnungen: Wolfgang Struve, München
Umschlagfoto: Atelier Dieter Hinrichs, München
Umschlaggestaltung: Atelier Heinrichs, München
Gesamtherstellung: Ebner, Ulm

ISBN 3-453-41105-6

Inhaltsverzeichnis

Aus der Frühzeit der Pistole

Wenn im folgenden vom nahezu undarstellbaren Großthema Feuerwaffen das Teilgebiet Handfeuerwaffen abgetrennt und gesondert betrachtet werden soll, wenn weiterhin auch dies weite Feld eingegrenzt wird auf den Sektor der Waffe zum einhändigen Gebrauch, dann in erster Linie deshalb, um der Überschaubarkeit eine Chance zu geben. Es wäre ein verzweifeltes Unterfangen, auf so gedrängtem Raum auch die Langwaffe berücksichtigen zu wollen, denn trotz der über lange historische Zeiträume vorhandenen Systemparallelität beider Waffenarten gelten doch jeweils andere Ursachen für die Entstehung, für die Verwendung und letztlich auch für die Bewertung und Einordnung. Hier soll der Entwicklung des Fäustlings und des Drehlings zur Pistole und zum Revolver nachgegangen werden, Darstellungsgegenstand ist also, mit dem modernen Terminus, die Faustfeuerwaffe.

Ein weiterer und auf der Hand liegender Grund für die Themaeingrenzung folgt nötig aus der Tatsache, daß die Faustfeuerwaffe das meistgesuchte und meistgesammelte Objekt für den Waffenliebhaber darstellt. Gründe gibt es für diesen Sachverhalt viele. Sicher hat *Chapel* recht, wenn er den Gesichtspunkt der Handlichkeit, der ›Verstaubarkeit‹ anspricht, aber ganz sicher ist dies nicht der einzige Aspekt. Bei näherem Hinsehen wird man für den Regelfall von einem Motivbündel sprechen können, aber es gilt natürlich auch, daß ›nur‹ nach kunsthistorischen, spekulativen, familientraditionellen Gesichtspunkten gesammelt wird. Die Reihe ließe sich fortsetzen bis hin zu Kriterien, die einer gewissen Skurrilität durchaus nicht entbehren.

Nahezu durchgängiges, wenngleich oft nur vorbewußt vorhandenes Motiv bildet indes der Reiz des Tarnkappeneffektes, der spezifisch dieser Waffenart zukommt, da sie ja verborgen getragen werden kann und somit die Spekulation mit der persönlichen Machtpotenzierung ständig herausfordert. Damit kein Mißverständnis aufkommt: gemeint ist nicht, daß der Waffensammler als Sammler a priori seine Identifikationsbereitschaft mit unsichtbarer Machtfülle demonstriert und sich im physischen oder psychischen Bedarfsfall gewissermaßen als König Laurin fühlt. Gemeint ist vielmehr, daß es kaum einen Sammler gibt, der sich dem numinosen Zauber dieser Waffe entziehen will, einem gefährlichen Zauber übrigens, den bereits besorgte Stadtväter des frühen 16. Jahrhunderts kannten. In fast allen Städten des italienischen Nordens war die Pistole zeitweilig verboten – man empfand sie als heimtückisch und im besonderen Maß geeignet, Regierungswechsel zu vereinfachen. Daß diese Waffe, ob nun verborgen getragen oder nicht, wenn nicht Überlegenheit, dann doch zumindest Chancengleichheit für den Schwächeren garantierte, zeigt der vor hundert Jahren gültig gewordene Satz: God created Man, Col. Colt made them equal.

Die geschichtlichen Hintergründe

An dieser Stelle soll nun das historische Umfeld des Darstellungsgegenstandes abgegriffen werden. Als um etwa 1530 das Vorkommen der Radschloßpistole nachweisbar wird, war das Schwarzpulver als Explosivstoff nahezu dreihundert Jahre, als Treibmittel für Geschosse etwa zweihundert Jahre in Europa bekannt. Da auch der arabische Raum im späten 13. Jahrhundert über die Formel zur Pulverherstellung zu verfügen scheint, wären Zusammenhänge durchaus denkbar, denn die Kreuzzüge gaben zwar der europäischen Ritterschaft deprimierende Erkenntnisse mit auf den häufig genug beschleunigten Rückweg, sie bewirkten aber auch einen regen Güter- und Ideenaustausch. Die Möglichkeit, das Gemisch aus Holzkohle, Salpeter und

Schwefel bei richtiger Verdämmung als Treibmittel zu verwenden, scheint allerdings in Europa erkannt worden zu sein. Bei *Albertus Magnus* vermutet man sichere Kenntnis der Formel, und von dem englischen Franziskanermönch *Roger Bacon* wissen wir recht genau, daß er mit Erfolg experimentierte *(De Secretis Operibus, ca. 1260)*. Weitergehende Ausführungen über *Berthold Schwarz* wären spekulativ, denn es scheint der Forschung immer noch zweifelhaft, ob er überhaupt gelebt hat. Womöglich war er Deutscher, gehörte vielleicht dem Dominikanerorden an. Erste Aussagen über ihn kommen aus dem 15. Jahrhundert, und nach diesen Quellen hätte er um die Mitte des 14. Jahrhunderts gewirkt. Um diese Zeit war die Kanone bereits erfunden, und sie sah genauso aus wie ihre Etymologie es vorschreibt: wie eine Kanne.

Das denkwürdige Jahr der Vorstellung dieses neuen Waffensystems ist 1327, die Angaben finden sich in dem Regel- und Pflichtkatalog *De Officiis Regum*, verfaßt von *Walter de Milemete* für den jungen *Eduard III.* von England. Diese Kanone, in Frankreich ›pot de fer‹, in Italien ›vasa‹ genannt, genoß bald die volle Aufmerksamkeit und die volle Verachtung des alten Wehrstandes. Nun pflegen Militärs die Vorzüge neuer Waffen ohnehin immer recht spät und bevorzugt nach Niederlagen zu erkennen, aber die Ritterschaft war durch eine andere, unangenehm wirksame und obendrein als äußerst plebejisch empfundene Waffe so aus der Fassung gebracht und in ihrem Ehrbegriff getroffen (fairer Zweikampf), daß es fast konsequent war, wenn jetzt auch Geschütz und Feuerrohr als ›unehrlich‹ abgetan wurden. Diese andere Waffe war der englische Langbogen. *Froissart,* der Chronist des ›Hundertjährigen Krieges‹ zwischen England und Frankreich, schildert in beredten Worten die Hilflosigkeit der schwerarmierten französischen Reitertruppe gegenüber den englischen Bogenschützen, die ihren Gegner schon auf zweihundert Meter aus dem Sattel holten. Die Treffen bei Crécy (1346)

und bei Poitiers (1356) brachten für die Ritterheere entscheidende Niederlagen, und verblüfft weiß *Froissart* zu berichten, daß Schlachten nicht nur unglücklich ausgehen können, sondern auch ausgesprochen teuer sind, wenn, wie am Abend von Maupertuis, über zweitausend französische Edelleute in Gefangenschaft geraten sind und beim übermüdeten, aber fröhlichen englischen Fußvolk gegen Lösegeld abgeholt werden können.
Die Ritterheere waren also besiegt und demoralisiert, und der einzelne Panzerreiter, dessen Rüstung im Lauf der Zeit (als erwünschter, aber durchaus nicht zuverlässiger Schutz gegen jedwede Feindeinwirkung) immer schwerer und plumper geworden war, konnte nicht mehr schlachtentscheidend sein. Denn auch die Entwicklung der Feuerwaffen hatte Fortschritte gemacht – der Krieg war, wie *Harold L. Peterson* sagt, demokratisch geworden.
Neben die Entwicklung einer mittlerweile recht wirkungsvollen Artillerie war die Vervollkommnung der Handbüchse getreten, die dem einzelnen Mann den Umgang mit Pulver und Blei ermöglichte. Es ist wahrscheinlich, daß das ›Handrohr‹ zwar später als das Geschütz, aber technisch parallel im Sinne einer Miniaturisierung entstand, ebenso denkbar wäre allerdings die mitunter vermutete Umwegentwicklung über die ›Ribauldequins‹. Es handelt sich hier um Salvengeschütze, die in den Quellen seit 1339 für etwa 60 Jahre erwähnt werden. Eine Anzahl (bis zu 144) relativ kleinkalibriger Läufe war starr miteinander verbunden, der technische Witz lag darin, daß alle Rohre gleichzeitig gezündet werden konnten. Die Nachteile dieser Waffe – langsamer Ladevorgang, Schwerfälligkeit beim Transport – führten bald zur Ausmusterung, aber womöglich entstand auch hier (d. h. bei der Demontage) die Idee, den einzelnen Mann mit dem einzelnen Lauf auszurüsten.
Wie dem auch sei, feststeht, daß bereits vor 1400 einzelne Truppenteile mit Handrohren ausgerüstet waren. Es ist historisch gesichert, daß im Jahr 1364 die Stadt Perugia

500 spannenlange Handbüchsen bestellte, und zwar mit der ausdrücklichen Auflage, sie sollten jeden Harnisch durchschießen können. Für Nürnberg wurden Handbüchsen 1388 bezeugt, und von der berühmten Tannenberg-Büchse steht ebenfalls fest, daß sie vor 1400 entstanden ist. Die Burg Tannenberg (in Hessen, nicht in Ostpreußen, wie öfter geschrieben) wurde 1399 zerstört. Die Büchse gehört zu einer Reihe später gemachter Bodenfunde und ist wegen der exakten Datierungsmöglichkeit von besonderer Bedeutung. Sie hat eine Länge von 33 cm, das Material ist Bronzeguß, das Gewicht beträgt 1,2 kg.

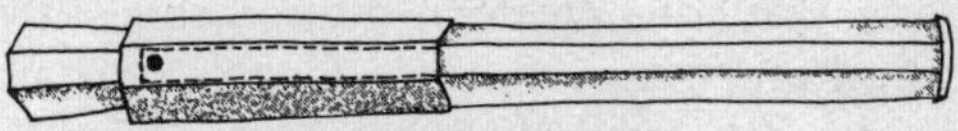

Tannenberg-Büchse

Erste Handrohre und Langwaffen

Es gibt eine Reihe Waffen gleichen Typs, und schon *Thierbach* bemerkt, daß diese Art von Handbüchsen nicht gerade selten ist. Durchgängiges Merkmal ist die zumeist verlorengegangene Schäftung in Form einfacher Stangen – daher der Terminus ›Stangenbüchse‹. Die Läufe waren im Bronzegußverfahren hergestellt oder über den Dorn geschmiedet. Die Zündung erfolgte aus freier Hand, wobei glühende Kohle, glühender Eisendraht oder auch bereits die glimmende Lunte an das normalerweise noch nicht mit einer Pfanne versehene Zündloch gebracht wurden. Die Laufdurchmesser variierten zwischen 1,5 und 3 cm, verschossen wurden Bleikugeln bzw. bleiumgossene Eisenkugeln.

Der unbefangene Beobachter könnte aufgrund der Abmessungen des frühen Handrohrs auf den Gedanken kommen, daß hier bereits die Urform der Pistole vorliege. Dieser Gedanke wäre falsch. Im Verlauf des 15. Jahrhunderts wurden die Schäfte körpergerechter und die Läufe länger. Es entstand die ›Hakenbüchse‹, jene Form also, bei welcher an

der Unterseite des Laufes ein Haken angeschweißt war, der, beim Feuern in der Mauer verankert, d. i. ›eingehakt‹, den Rückstoß brechen half. Die Nebenform ›Arkebosse‹ zeigt noch einigermaßen deutlich, daß die spätere Arkebuse eben jene Hakenbüchse ist, auch wenn der Haken schon nicht mehr vorhanden war. Später, etwa um 1560, wird die Muskete (unsichere Worterklärung. Ursprünglich wohl ital. *mosca* [Fliege], dann *moschetto* [Sperber], ›Armbrustpfeil‹) zur Standardwaffe der europäischen Heere. Rückstoß und Gewicht dieses vermutlich von Herzog *Alba* eingeführten Gewehres waren so gewaltig, daß einerseits ein Schaft nötig war, der an der Schulter abgestützt werden konnte, und andererseits eine Gabel vorhanden sein mußte, in die der Musketier seine bis zu 10 Kilogramm schwere Waffe einlegen konnte.
Die Leistung dieses Gewehrtyps und aller hier nicht zu benennenden Varianten war mittlerweile beachtenswert geworden. Noch 1331 heißt es treuherzig in einem Bericht über die Belagerung der Stadt Cividale, es sei zwar viel geschossen worden, aber ›nihil nocuit‹, dadurch also sei kein Schaden entstanden. Hundert Jahre später (1440) wird Lucca belagert, und hier gibt es bereits den Hinweis, daß Harnische durchschlagen wurden und daß Handrohre im Einsatz sind, deren Eisenkugeln mehr als einen Mann außer Gefecht setzen können. Schützenbriefe aus den Jahren 1487 bzw. 1500 sprechen von Schußdistanzen, die um die zweihundert Meter liegen, und 1670 werden (allerdings maximale) Scheibenentfernungen schon mit vierhundert bzw. fünfhundert Metern angeben.

Frühe Erfindungen

Diese erstaunlichen Ergebnisse waren durch eine Reihe von Erfindungen bzw. Verbesserungen zustande gekommen. Da die weitere Betrachtung auf diesen Entwicklungen aufbauen muß, seien die wichtigsten genannt. Um 1420 war man darauf gekommen, das bislang übliche Pulver mehlartiger Konsistenz mittels Feuchtigkeitsbehandlung zu körnen und es so gegen Dekomposition weitgehend unanfällig zu machen. Ein überraschendes und als äußerst nützlich angesehenes Nebenergebnis dieses Verfahrens war die beträchtlich erhöhte Explosivkraft. Die Laufschmiedeverfahren waren verbessert worden. Die Laufinnenform war jetzt nicht mehr konisch, sondern zylindrisch (die konische Form kommt erst wieder mit dem Tromblon auf), und der hintere Laufabschluß wurde nicht mehr im glühenden Zustand verkeilt, sondern mit einem Gewinde und der Schwanzschraube versehen. Das Zündloch war generell auf die rechte Laufseite gesetzt worden, die ersten Zündpfannen wurden unter das Zündloch gelötet – und vor allem: es entstanden in der ersten Hälfte des 15. Jahrhunderts die ersten Schlösser.

Bislang war die Zündung aus freier Hand erfolgt. Die erste hahnartige Vorrichtung stellte ein s-förmiges Metallteil (die Serpentine) dar, welches durch seinen Mittelpunkt so an der rechten Schaftseite beweglich befestigt war, daß eine Zugbewegung am unteren Hebelteil die am Kopf angebrachte glühende Lunte exakt in die Pfanne senkte. Der Schütze war erstmalig in der unschätzbaren Situation, bei Abgabe des Schusses sich vorwiegend auf das Zielen konzentrieren zu können. Die nächste Entwicklungsstufe zeigt schon wesentlich mehr Teile auf die Innenseite des Schloßbleches montiert. Hier wird der Hahn gegen Federkraft bewegt, womit ein bedeutender Sicherheitsfaktor eingeführt war.

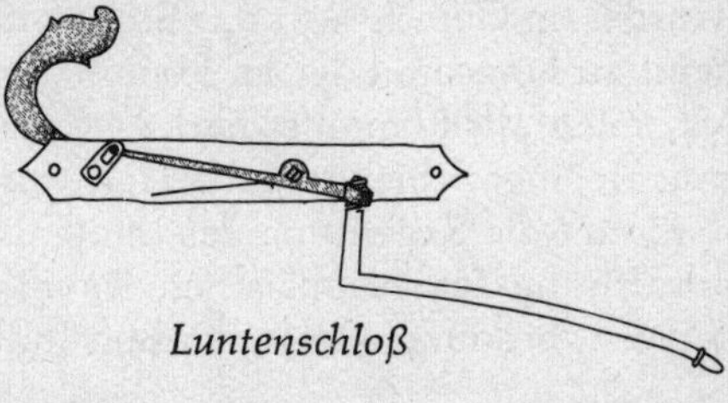

Luntenschloß

Dieser Typ des Luntenschlosses wurde bis gegen Ende des 17. Jahrhunderts – also auch und vor allem im Dreißigjährigen Krieg – verwendet, wodurch die Solidität der Konstruktion sicherlich hinreichend bewiesen ist. Obendrein war ein Gewehr mit Luntenschloß in der Regel relativ billig, ein Gesichtspunkt, der im Hinblick auf die Verwendungsdauer von großer Bedeutung ist, mußte sich doch der allergrößte Teil der Söldner mit Waffen und Gerät selbst versorgen.

Wegen bedeutender Nachteile vor allem im Gefecht hielt sich eine technisch verbesserte Ausführung des Luntenschlosses, das sogenannte Luntenschnappschloß, nicht sehr lange bei der Truppe. Beim Luntenschnappschloß wurde der Hahn gegen den Druck einer zumeist außenliegenden Schlagfeder gespannt, wobei der Hahn in Spannstellung hinter oder unter einem aus dem Schloßblech hervortretenden Dorn eingerastet festlag. Beim Betätigen des Abzuges (oft in Form eines am Schloß angebrachten Druckknopfes) trat dieser Dorn infolge Hebel- bzw. Federwirkung in das Schloßblech zurück, und der jetzt nicht mehr arretierte Hahn schlug in die Zündpfanne. Hierbei kam es häufig vor, daß durch die Wucht des Hahnaufschlags die Lunte gelöscht wurde. Eine Abart dieses Schnappschlosses – das sogenannte Schwammschloß – war für den gefechtsmäßigen Gebrauch ebenfalls nur bedingt tauglich. Bei diesem Schloß wurde im Hahnkopf unmittelbar vor Schußabgabe ein Stück Zunder eingesetzt und entzündet. Es war beim Schuß also schneller als das Luntenschloß, bei dem die Glut vor Schußabgabe freigelegt werden mußte, wobei im Regelfall auch die Luntenlänge zwischen Klemmschraube und Glut justiert wurde. Im Gefecht war das Schwammschloß jedoch anscheinend zu langsam oder zu kompliziert, wahrscheinlich beides, jedenfalls kommt es nach 1550 kaum noch vor – es sei denn, an einer Scheiben- oder Jagdwaffe.

Um 1700 nimmt die Bedeutung des Luntenschlosses in der Armeebewaffnung im europäischen Raum rapide ab. In Asien dagegen, besonders in Japan und Indien, wohin die

Kenntnis von diesem Zündmechanismus durch die portugiesischen Entdeckungsfahrten des 15. Jahrhunderts gelangt war, hielt sich das Luntenschloß, auch als Armeebewaffnung, bis ins 19. Jahrhundert hinein.
Vom waffentechnischen Entwicklungsstand her betrachtet, war jedoch auch der Ausmusterungszeitpunkt des Luntenschlosses in Europa reichlich spät. Immerhin gab es seit nahezu 200 Jahren das Radschloß und seit geraumer Zeit auch die Schnapphahn- und Steinschloßsysteme, aber es gab eben auch gewichtige Gründe der Ökonomie und des Traditionalismus, die gegen diese neuen Erfindungen sprachen. Das Luntenschloß war billig in Herstellung und Handel, es war einfach zu handhaben, und es war relativ zuverlässig. Verbesserungen waren obendrein vorgenommen worden. Recht früh traten die ersten Kombinationsschlösser auf, womit der Zuverlässigkeitsgrad noch gesteigert wurde, denn der Hahn sowohl des Luntenschlosses als auch des Luntenschnappschlosses wirkten bei getrennten Abzugsmechanismen auf die gleiche Zündpfanne. Die Zündpfanne selbst hatte gegen Ende des 16. Jahrhunderts einen Deckel erhalten, der unter Federdruck geschlossen gehalten wurde und sich erst mittels drucküberträgendem Gestänge öffnete, sobald der Hahn niederfiel. Diese Neuerung wurde übrigens ganz pragmatisch von der Radschloßkonstruktion her übernommen, wie denn auch reine Äußerlichkeiten wie etwa die verschiedenen Schloßblechformen vom Rad- bzw. Steinschloß übernommen wurden.
Johan Jacob Wallhausen, Stadthauptmann von Danzig, hält 1621 in seiner ›Defensio patriae oder Landrettung‹ ein beredtes Plädoyer für das Luntenschloß:
»So ich bey solcher musquet heutiges Tags mein feur in der Lunten vnnd Kohl habe, so sehe ichs mit meinen Augen, bin dess Feuwers gewiss, bin meiner musqueten vnnd Rohr zum schiessen versichert, daherogegen, so ich das Feuwer im Fewerstein erst suchen oder erwarten muss, sehr missträulich vnd gefährlich dan man sage von fewerschlossen

wass man wolle, so man die täglichen so viel brauchen solte, als die luntenrohr, ist nicht möglich das sie solches aus stehen, dan bissweilen der stein zu hart, offt abspringt das ratt am schloss stumpff, die federen im rohr lahm, in summa vielerley verhinderungen, daß einem das Rohr fehl schlaget, angeblich sich finden, also die Luntenschlosser heutiges Tags gebräuchlicher vnd viel besser als die mit Fewerstein.«
Als gegen 1670 das Steinschloß bei den kaiserlichen und bei den französischen Truppen eingeführt wird, erzwingt die konservative Seite die zusätzliche Anbringung eines Luntenhahns!

Luntenschloßpistolen

Soweit zunächst dieser Exkurs, der in gedrängtester Form die Schwerpunkte der waffentechnischen Frühgeschichte und funktional das Vorfeld der Pistolenentwicklung abdecken soll. Funktional deshalb, weil ein erster Überblick nötig ist, um die unabwendbar auftauchende Frage beantworten zu können, warum die Pistole, gemessen am Maßstab des Machbaren, relativ spät, nämlich erst kurz vor Mitte des 16. Jahrhunderts, in Erscheinung tritt. Die Erklärung liegt nach Kenntnis der Sachlage auf der Hand. Die Fußtruppe hatte mit der Muskete eine verhältnismäßig gute, wenn auch unhandliche Waffe, d.h. man war durchaus in der Lage, 60 Gramm Blei auf 250 m zu verschießen, aber es war eben auch ein dreiminütiger beidhändiger Ladevorgang nötig, verbunden mit der Notwendigkeit, glühende Lunte oder zumindest Feuer stets parat zu haben. Mit einer Pistole, jener Waffe also, die zu dieser Zeit zwar die Nachteile, aber keineswegs alle Vorteile der Muskete aufwies, war dem Fußsoldaten nicht gedient. Die Reiter-

truppe, sofern sie nicht die Aufgaben aufgesessener Infanterie erfüllte, hätte am ehesten die Pistole benötigt, aber hier war das Zündproblem so gravierend, daß an eine allgemeine Einführung nicht gedacht werden konnte.
Die Anzahl der europäischen Luntenschloßpistolen war also sicherlich nie bedeutend, und als gesichertes Beispiel gilt eigentlich nur die dreiläufige Wenderpistole im Palazzo Ducale in Venedig (C. *Blair* zählt diese Waffe schon zu den Revolvern).

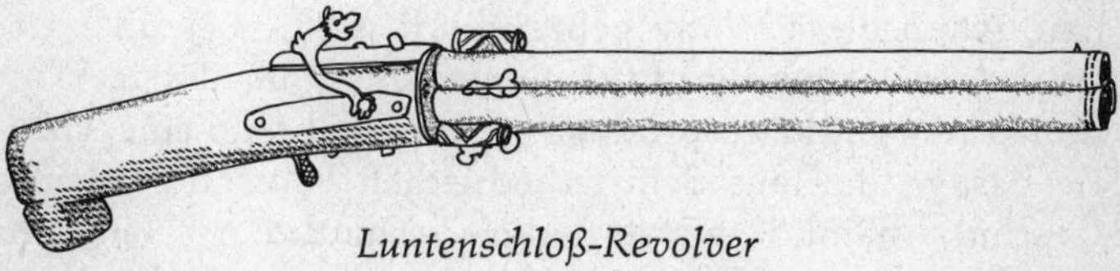

Luntenschloß-Revolver

Das Laufbündel wurde von Hand gedreht und konnte in Schußposition arretiert werden. Jeder Lauf besitzt natürlich eine eigene Zündpfanne mit Deckel. Das Schloßsystem entspricht dem im vorhergehenden Kapitel wiedergegebenen. Die Datierung dieser Pistole ist schwierig. Aus der leicht gekrümmten Schaftform schließt man auf die Zeit zwischen 1530–1550.
Hin und wieder mag es für den Sammler möglich sein, eine Luntenschloßpistole japanischer Provenienz zu erwerben. Lackarbeiten am Schaft und Einlegearbeiten am Lauf sind häufig, wohingegen das Schloß aus Messing als typisch anzusehen ist. Der Schloßmechanismus entspricht weitgehend dem Typ des europäischen Luntenschnappschlosses, allerdings mit der entscheidenden Variante, daß bis zur Mitte des 19. Jahrhunderts als Schlagfeder fast ausschließlich eine innenliegende Spiralfeder verwendet wird.

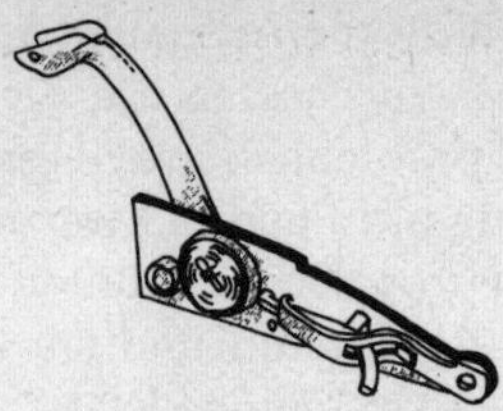

Japanisches Luntenschloß

Kehren wir nun aber wieder zur Entwicklung der europäischen Pistole zurück. Wir wissen zwar einigermaßen genau, wann diese Waffe gebräuchlich wird, aber über Ursprungserklärung und Etymologie scheint das letzte Wort immer noch nicht gesprochen zu sein. Während eine Theorie besagt, daß aus dem tschechischen Wort für ›kleines Geschütz‹, nämlich ›pistal‹ (womit vermutlich ein Handrohr aus der Zeit der Hussitenkriege gemeint war), das Wort ›Pistole‹ nach einem Umweg über Italien ins Deutsche und Französische gelangte, verlagert eine andere Auffassung den Wortursprung nach Italien, genauer, in die Stadt Pistoia. Einer französischen Quelle aus dem Jahr 1566 ist zu entnehmen, daß in Pistoia eine Dolchart hergestellt wurde, die man in Frankreich Pistoyer bzw. Pistolet nannte. Mit dem Aufkommen der kurzen Feuerwaffe sei der Name dann übertragen worden. Wie dem auch sei, feststeht, daß mit dem Namen eine unerhörte Sache bezeichnet wurde. Noch unerhörter war allerdings das neue Zündsystem.

Die Radschloßpistolen

Die Forschung neigt immer mehr dazu, *Leonardo da Vinci* als den Erfinder des Radschlosses nicht auszuschließen, denn der ›Codex Atlanticus‹ in der Ambrosiana enthält fünf Blätter mit entsprechenden Skizzen, die um 1500 bis 1508 datiert werden. Moderne Versuche, nach diesen Zeichnungen Modelle zu bauen, bringen zwar deutliche Konstruktionsschwächen ans Licht, aber ganz augenscheinlich war das ›deutsche Schloß‹ in Italien ebenso früh und womöglich früher bekannt als in Deutschland selbst. Aber in dieser Frage ist alles offen. Nahm man für Deutschland lange einen gewissen *Johann Kiefuss* an, der 1517 in Nürnberg das Radschloß erfunden haben soll, so weist die ›Löffelholz-Handschrift‹ bereits in das Jahr 1505. Zwar werden in diesen Aufzeichnungen einer Nürnberger Familie in dem hier relevanten Bezug nur zwei Feuerzeuge dargestellt, aber eines davon eben in allen Konstruktionsmerkmalen einem Radschloß entsprechend. Man wird davon ausgehen müssen, daß an mehreren Orten und von verschiedenen Leuten gleichzeitig an dieser Idee gearbeitet wurde. *H. L. Peterson* liefert den sehr guten Hinweis, daß bei der Entwicklung dieses Schloßtyps ein gewisses Verständnis für Uhren zum Fundus gehört haben müsse, und das deckt sich nun in der Tat mit dem in Frage stehenden Raum: Augsburg, Mailand, Nürnberg. Ungeachtet dieser Anfänge wurde die Geschichte des Radschlosses dann allerdings doch in allen wesentlichen Teilen in Deutschland geschrieben. *Claude Blair* spricht den Waffenschmieden von Augsburg und Nürnberg für die gesamte Radschloßära – und das sind bei enger Auslegung immerhin 100 Jahre – richtungsweisenden Einfluß für ganz Europa zu.

Die Schloßkonstruktionen

Die Grundidee des Radschlosses war ohne Zweifel vom entsprechenden Feuerzeug ausgegangen, und *Arne Hoff* sagt in plastischer Einfachheit, daß im Prinzip Feuerzeuge an die Waffen montiert wurden. Die am Schloßblech angebrachte Zündpfanne weist laufparallel einen Einschnitt auf, in den von unten das meist nur 5 mm starke mit Längs- und Querfeilungen versehene Rad eingreift. Die Radachse führt durch das Schloßblech und ist durch eine kurze Kette mit der V-förmigen Schlagfeder verbunden. Mit einem Spannschlüssel wird das Rad gegen die Spannung der Schlagfeder nun fast eine ganze Drehung aufgezogen, wobei sich die Kette auf die Achse wickelt. Gleichzeitig rastet der Dornvorsprung einer auf der Innenseite des Schloßbleches gegen Federdruck montierten Abzugsstange durch das Schloßblech hindurch in eine Vertiefung auf der Innenseite des Rades ein und arretiert es damit. Vermittels der unterschiedlich konzipierten Auslösemechanismen wird in jedem Fall bewirkt, daß die Abzugsstange durch horizontalen Druck oder Zug ihren Dornvorsprung in das Schloßblech zurücknimmt, womit das Rad zur Drehung frei wird. Ein ebenfalls unter Federspannung stehender Hahn drückt ein Stück Schwefelkies gegen das in Ruhestellung zurückschnellende Rad, wobei die Funken dann den üblichen Zündvorgang einleiten.

Radschloß

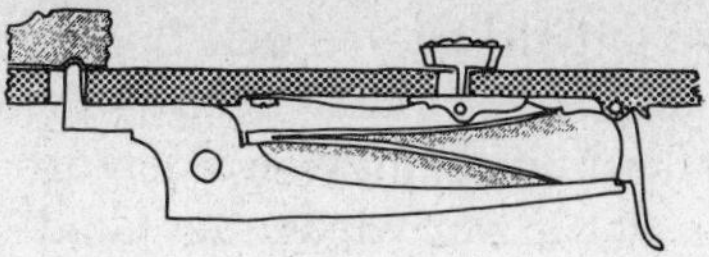

Radschloß, Abzugsvorrichtung

Gleich an dieser Stelle sei auf einige Besonderheiten hingewiesen. Viele Schlösser sind mit federnd gelagerten Pfannendeckeln versehen, die nach dem Schuß, durch Federsperre gehalten, die Pfanne offen lassen und erst auf Knopfdruck wieder vorschnellen. Dieses System war, wie schon angesprochen, für die Luntenschnappschlösser übernommen worden. Viele Schlösser haben Sicherungen, die, als Hebel- oder Schiebesicherung angelegt, in der Regel den Fuß der Abzugsstange blockieren. Womöglich hängt diese Demonstration vermehrten Sicherheitsdenkens mit dem 1519 erfolgten, aber nur kurzfristig beachteten kaiserlichen Verbot des Radschlosses zusammen. Die Radlagerung weist schließlich eine Anzahl von Spielarten auf, angefangen beim außen freigestellten, allenfalls bügelgeschützten Rad bis hin zur Totalverkleidung bzw. Innenlagerung. Die Radachse ist in der Regel an zwei Stellen gelagert, nämlich im Schloßblech (mitunter auch im vorgelagerten Bügel) und in der Studel, einer im Innenschloß montierten Platte. Bei einer französischen Variante des Radschlosses ist die Schlagfeder im Schaftholz untergebracht, wodurch das Schloßblech oft erstaunlich kleine Dimensionen hat. Die Radachse ist bei diesem Schloßtyp nicht studelgelagert, sondern durch den Schaft nach außen geführt, wo ein kleines Seitenblech die Achslagerung übernimmt.
Mit diesem selbstzündenden Schloß war nun zum erstenmal die Möglichkeit gegeben, eine solide Pistole zu bauen. Natürlich war diese Waffe teurer, weil komplizierter als bislang Bekanntes, und für Reparaturen war der Dorfschmied nicht mehr ausreichend. Das ehrbare Büchsen-

machergewerbe entwickelte schnell Sonderzünfte, und so etablierte sich der Laufschmied, der Schloßschmied und der Schäfter, der allerdings keineswegs den ornamentalen Teil mitübernahm – dafür war wieder der Goldschmied etc. zuständig. Kein Wunder also, daß diese Waffe par ordre nur für Elitetruppen verfügt wurde und im nichtmilitärischen Bereich nur vom Jäger und vom reichen Bürger geführt werden konnte.

Verwendung bei der Truppe

Zunächst und auch hauptsächlich wurde die Pistole die Waffe der berittenen Truppe. *Wallhausen* (Kriegskunst zu Pferd, 1616) sieht den »Lantzierer« und den »Kührissierer« mit einer, besser jedoch zwei Pistolen versehen, die »ein Untze Pley« verschießen und »darinnen er sich auch wol geübet vnd abgerichtet finden muß. – Er gewehnet sich vnd lernet still haltend, reitend, galoppirend vnd mit vollem Currier mit der Pistol nach dem Ziel zuschiessen, da er jhm dann drey Papier oder Mercke an ein Stock fest machet, vnnd auff gedachte drey Hutsfällungen in der Lantzen, ubet er sich auch mit der Pistol Ober-, Mittel-, Unterhuts, gewiss zuschiessen, mit sacht reiten, traben oder galoppiren, vnd voller Carriere.« Bald kämpfte die Reiterei in der sogenannten ›Caracole-Technik‹, d.h. beim Vorstoß aus tiefgestaffelter Formation schoß die erste Reihe und schwenkte sofort über die Flügel zum Nachladen nach hinten. Es feuerte dann die zweite Linie usw. In den französischen Religionskriegen (ab 1562) begannen die Reiterheere mit der Pistole das verlorene Terrain wiederzugewinnen. Die Hugenotten fanden allerdings auch bald die taktisch richtige, wenngleich selbstmörderische Gegenmaßnahme. Mangels Artillerie postierten sie an strategisch günstigen Stellen – meist an den Flügeln und in der Mitte –

Trupps von Musketieren, die mit überlegener Feuerkraft Breschen in die Reiterangriffe schießen konnten, dann jedoch, ohne Zweitwaffe, schnell niedergemacht wurden. Man nannte sie die ›enfants perdus‹ – die verlorenen Kinder.
Die deutschen Reiter unter *Karl V.* hatten diese spezifischen Angriffstechniken entwickelt. *Prinz Moritz von Nassau* und auch *Cromwell* übernahmen und verbesserten diese Reiterattacken, aber erst *Gustav Adolf* integrierte die neue Waffe vollkommen. Er ließ gebrauchsfertige Papiermunition ausgeben und rüstete auch den Dragoner mit der Pistole aus. Diese, wenn man so will, berittene Infanterie führte den ersten Angriff pistolenbewaffnet zu Pferde und setzte abgesessen dann den Kampf mit blanker Waffe fort.

Radschloßpistolen im Handel

Aus naheliegenden Gründen hat der Erwerb einer Radschloßpistole für den Sammler alles andere als beiläufigen Charakter, denn sie ist selten, und sie ist teuer. Andererseits ist die Waffe so rar nun wieder nicht, daß sie im Regelfall nicht bei einschlägigen Auktionen ausgewiesen bzw. im Antiquitätenfachhandel doch immer wieder angeboten wäre. Zwar gilt, daß die Zahl der guten Waffen abnimmt, die Zahl der Sammler jedoch steigt, aber nach wie vor verkauft irgend jemand aus Finanz- oder Spezialisierungsgründen, und nach wie vor werden auch Sammlungen aufgelöst. Dennoch, die Nachfrage ist größer als das Angebot, und fast zwangsläufig werden Begleiterscheinungen sichtbar, die häufig alles andere als erfreulich sind. Zu nennen wäre das gerade in den letzten Jahren in zunehmendem Maße zu beobachtende Anwachsen der Fälschung, jener Nach- oder Umbauart also, die in jedem Fall eine Betrugsabsicht impliziert. Dazu wird an geeigneter Stelle noch etwas zu sagen sein. Konsequent, und das ist eine ganz normale Erscheinung, weicht ein Teil der weniger betuchten Sammler auf bislang wenig interessante, im Regelfall junge Märkte aus. In kunstgeschichtlicher Parallele (allerdings zeitlich versetzt) entspricht der neuerlichen Entdekkung des Jugendstils das enorm verstärkte Interesse etwa am Lefaucheux-System. Last not least führt die Marktverengung leider zu hysterischen Preisbewegungen. Noch 1968 konnte man auf deutschen, englischen und schweizerischen Auktionen Radschloßpistolen in teilweise hervorragendem Zustand unter 5 000,– DM erwerben. Das ist bei findigem Scouting zwar auch heute noch möglich, aber ansonsten sind die Preise auf und davon und zwar, wohlgemerkt, in einem völlig unproportionierten Verhältnis zur durchschnittlichen Preisentwicklung. Es gibt für dieses Phänomen, das natürlich keineswegs auf die Radschloßwaffen beschränkt ist, einige griffige Erklärungen. Da ist zum einen die (zurückhaltend formuliert) unseriöse Gewinnerwartung in der Kalkulation nicht weniger Händler, die trotz zügiger Umsatzgeschwindigkeit und günstigen Auktionseinkaufs ungerührt darauf vertrauen, daß der Verkaufsgang normalerweise beruhigend untransparent ist. Dieser Geisteshaltung eines ganz und gar unköniglichen Kaufmanns – es gibt Gott sei Dank genügend Ausnahmen – entspricht jene Käufermentalität, die, fern jeder wahren Leidenschaft, einem Stück um jeden Preis nachfiebert, ja, ein Stück oft nur wegen des Preises ästimiert. Die Verwilderungserscheinungen gehen so weit, daß das ›Deutsche Waffen-Journal‹ sich ausdrücklich weigerte, die Waffenpreise der 14. Deutschen Kunst- und Antiquitätenmesse 1969 in München überhaupt abzudrucken. Allerdings gibt es auch auf diesem Sektor Erfreulichkeiten, so z. B. die vielgenannte Auktion einer Kölner Firma im Januar 1972. Hier wurden für gute Stücke die Preise wieder auf die Erde geholt, nicht zuletzt aufgrund eines sachverständigen Publikums.

Merkmale der Radschloßpistole

Im folgenden seien nun einige Kriterien genannt, die dem orientierungsbedürftigen Sammler Anhaltspunkte zur Datierung und zur allgemeinen Einordnung an die Hand geben. Womöglich ist ihm der eine oder andere Hinweis zur ersten Beurteilung angesichts auch gerade der häufig ungenauen Katalogbeschreibungen von Nutzen.

Der sogenannte Puffer

Die Kolben der ersten Pistolen hatten die Form von Dolchgriffen und waren im Grunde unverwinkelte Holzverlängerungen des Laufes. Bereits um die Mitte des 16. Jahrhunderts entwickelten sich daraus die Anfänge des Kugelknauftyps und des Fischschwanztyps. Die bei weitem häufigere Form wies die Kolbenkugel auf, die in den Anfängen eher klein war, aber in den achtziger Jahren des 16. Jahrhunderts eine beträchtliche Größe erhielt, was bei gleichzeitig auftretendem verstärkten Absenkungswinkel (bis zu 60°) zwischen Lauf und Griff zur charakteristischen Form des sogenannten Puffers führte.

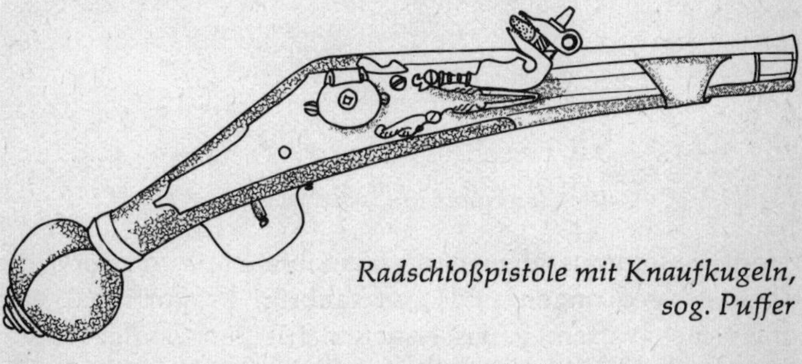

Radschloßpistole mit Knaufkugeln, sog. Puffer

Gegen 1600 wird der Winkel wieder geringer und die Knaufkugel kleiner, zuvor jedoch hatte sich die Knaufkugel aus ihrem süddeutschen, spezifisch nürnbergischen

Ursprungsraum nach England, Frankreich und Holland hin eingeführt. Zur Knaufkugel selbst wird besonders in der älteren Literatur immer wieder behauptet, sie habe der Pistole den zusätzlichen Wert einer Schlagwaffe verliehen. Es gilt als erwiesen, daß diese Auffassung unrichtig ist, die Kugel vielmehr neben der Funktion eines Schwerpunktkorrektivs die Aufgabe hatte, dem Schützen, der, wie wir wissen, in erster Linie unter den Berittenen zu suchen ist, das sichere Erfassen und Ziehen der Waffe zu erleichtern. Die Kugel war normalerweise im eigentlichen Schaft lediglich verschraubt, so daß ein heftiger Schlag mit Sicherheit auch die Pistole in Mitleidenschaft gezogen hätte.

Die Fischschwanzform ist seltener und geht zeitlich über das Radschloßsystem hinaus. Das Griffteil des Schaftes steht, im Vergleich zum Puffer, in einem erheblich geringeren Winkel zur Laufachse. Bei den Frühformen, etwa ab 1560, ist der Griffteilquerschnitt häufig sechseckig, und den Griffteilabschluß bildete anfangs eine je nach Querschnittsform ausgebildete Metall- oder Hornplatte. Mit fortschreitender Entwicklung erhält das Griffteil ein seitlich zusammengepreßtes Aussehen, wobei das Abschlußteil ein gegabeltes, oft mehrbogiges Profil bekommt.

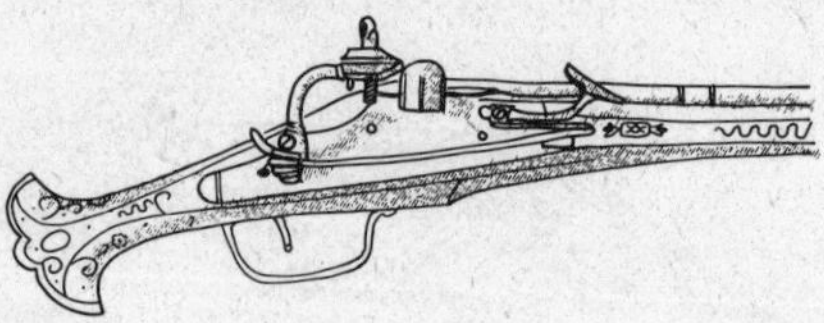

Pistolenknauf in Fischschwanzform

Vom Gesamtaussehen her waren bis kurz vor 1600 die Pistolen gedrungen und großkalibrig. Proportional verkleinerte Waffen, gewissermaßen für den Zivilgebrauch, hatten an der Schloßgegenseite oft einen Gürtelhaken. Allgemeine Abmessungen, Kalibergrößen usw. waren äußerst uneinheitlich; abgesehen davon, daß Pistolen fast ausschließlich in Paaren hergestellt wurden, gab es also keine verbindlichen Standardwerte. Erst im letzten Jahrzehnt des 16. Jahrhunderts ist eine generelle Tendenz zur Laufverlängerung und zum kleineren Kaliber festzustellen, der Anstoß dazu kam vermutlich aus Frankreich.

Die sächsische Form

Die Kolbenkugel war jetzt, mit Beginn des 17. Jahrhunderts, wieder kleiner geworden und hatte birnen- oder zitronenförmige Gestalt angenommen. Im Querschnitt ist diese Griffstückverdickung zumeist polygonal, sonst rund. Ein sächsischer Pistolentyp, der heute noch relativ häufig im Handel erscheint, sei hier herausgegriffen.

Radschloßpistole, sächsische Form

Neben der spezifischen Knaufform sind weitere, beim ersten Hinsehen auffallende Kennzeichen: der im Verhältnis zum Vorderschaft fast winkellos verlaufende, lediglich parallelversetzte Griff, der unter Federspannung stehende Abzugsbügel und das unterseits griffparallel verlaufende Schloßblech. Die Ausstattung ist normalerweise nicht gerade üppig, d. h. man findet meist nur einige Beineinlagen um die Haltestifte und die Ladestocköffnung herum, die Beschläge bestehen zumeist aus gegossenem Messing. Diese Waffe wurde in großer Stückzahl für die kursächsische Reiterei angefertigt. Bedeutende Büchsenmachernamen sind in diesem Zusammenhang *Drechsler*, *Herold* und *Geissler*.

Der Lützener Typ

Eine weitere, vom Standpunkt des Sammlers aus hochinteressante, weil wohl am häufigsten vorkommende Variante könnte man als Gebrauchspistole des Dreißigjährigen Krieges bezeichnen. Gemeinhin kennzeichnet man diese Waffe als den ›Lützener Typ‹ (benannt nach jenen Pistolen, die man nach der Schlacht von Lützen, 1632, bei dem gefallenen König *Gustav Adolf* fand).

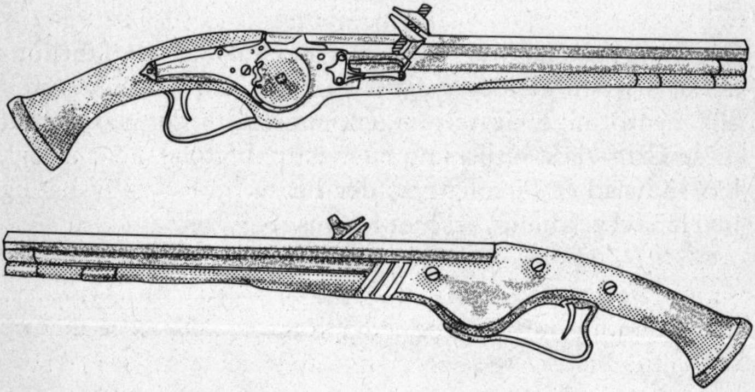

Radschloßpistole, sog. Lützener Typ

Zur näheren Kennzeichnung dieser Standardwaffe sind einige erklärende Bemerkungen angezeigt.
Das deutsche Radschloß hatte schon vor 1600 einige Charakteristika entwickelt, die besonders die Klemmbacken des Hahnes und die Hahnfeder betreffen. Normalerweise waren die Arme der Hahnfeder ab 1560 gleich lang. Dieses Merkmal wurde bei süddeutschen Schlössern entwickelt, mit Ausnahme vermutlich des Augsburger Raumes, wo ungleich lange Federschenkel, wenngleich zeitlich früher, zu Hause waren. Ebenfalls vor 1600 entstanden die verschiedenen Formen der ringförmig um das Rad gelegten Hahnfedern. Bei ungleicher Federarmlänge war gewöhn-

lich die obere Klemmbacke des Hahns beweglich gelagert, bei den Schloßtypen der beiden anderen Hahnfederarten die untere.

Die wesentlichen Merkmale des französischen Radschlosses sind bereits genannt worden, aber an dieser Stelle muß nun hinzugefügt werden, daß sich im Gegensatz zu dem eher langen und schmalen deutschen Schloßblech eine Form herausbildete, die kleiner war, hinten spitz zulief und dadurch das scheinbar nach unten ausgesenkte Rad deutlich betonte.

Um 1600 entwickelte sich in Deutschland ein Schloßtyp, der wesentliche äußere Merkmale des französischen Schlosses übernahm, so z. B. die hinten zugespitzte Form des Schloßbleches, die Schrägfeilung der Schloßblechkante und die profiltypische untere Radauswölbung. Es war für dieses Schloß keine Schloßgegenplatte erforderlich. Neu bei diesem Schloß, das sich bald über ganz Nordwesteuropa ausbreitet (*Hoff* gebraucht für diese Konstruktion die Bezeichnung ›westeuropäisches Radschloß‹), ist die Form der Radsicherung durch Quer- oder Randstudel auf dem Außenblech. Beide Studelformen treten etwa seit 1620 auf und ersetzen die (in Sachsen oft aus Messing gefertigten) Raddecken.

Die Pistolen vom Lützener Typ weisen die genannte Schloßform auf. Die Waffe wurde, von häufig anzutreffenden Kehlungen des Vorderschaftes abgesehen, entsprechend ihrem militärischen Verwendungszweck ohne Verzierungen hergestellt. Den Griffteilabschluß bildet im Regelfall eine Metallplatte mit ovalem Querschnitt, bei billigeren Ausführungen ist ein Metallband um den Griffabschluß gelegt. Die Pistole kam ausgesprochen häufig vor und wurde mit unbedeutenden Variationen über 40 Jahre in Deutschland, in den Niederlanden, aber auch in den skandinavischen Ländern und im nördlichen Frankreich hergestellt.

Stilrichtungen

Neben dieser wohl durch die Zeitläufte bedingten Schlichtheit der Standard- und Armeepistolen lassen sich in der ersten Hälfte des 17. Jahrhunderts im Hinblick auf den Dekor der Zivilwaffen dennoch deutliche Stilrichtungen festlegen. Da ist zum einen die Schule des deutschen Westens (wir wollen uns in diesem Zusammenhang auf Deutschland beschränken) im Rheinland um Aachen und Essen. Hier wird französischer Einfluß deutlich spürbar. Die Schafteinlegearbeiten haben als Material zumeist Silberdraht und Silberblech, bevorzugt werden figürliche Darstellungen, wie etwa Blumen oder Vögel. Im Süden und Osten weisen die Schulen von Dresden, Nürnberg, Augsburg und München in jeweils eigene Richtungen. Während spezifisch in Sachsen, später auch im Raum Teschen, als ein wesentliches Charakteristikum die durchbrochenen Arbeiten, besonders am Hahnkopf, zu nennen sind, verbinden sich die Eisenschnittarbeiten an Lauf und Schloß in der Münchener Schule mit dem Namen der Gebrüder *Sadeler*, die von 1594–1632 in München tätig waren. Werkstattnachfolger war *Caspar Spät*. Ihre zumeist vergoldeten Eisenschnittdekors zeigten häufig Motive der klassischen Mythologie, umrankt (im Wortsinne) von zeittypischen Stilelementen des Manierismus. Die Augsburger und die Nürnberger Schule war gekennzeichnet durch hervorragende Schafteinlegearbeiten.

Sonderformen

Nach diesen allgemeinen Angaben zum Dekor und auch nach näherer Kennzeichnung einiger wichtiger Pistolentypen seien jetzt ergänzende Bemerkungen zur Radschloßpistole erlaubt, die unter Berücksichtigung des heutzutage tatsächlich Erwerbbaren eher marginaler Natur sind. Zunächst einige Angaben zu weiteren Schloßformen.

Da ist zum einen die Konstruktion von *Bergier* in Grenoble, der eine Art wasserdichtes Schloß herstellte: ›pour tirer dans l'eau‹. Das Rad mußte zu diesem Zweck innerhalb des Schlosses angebracht sein – eine im zweiten Viertel des 17. Jahrhunderts nicht ungewöhnliche Lagerung. Bemerkenswert wird dieses recht kleine Schloß durch die Unterbringung zweier getrennt arbeitender Räder, die für die beabsichtigte Zweischüssigkeit bei nur einem Lauf nötig waren. Aus Gründen der Platzersparnis waren die Schlagfedern daher spiralförmig. Die Hähne hatten die Funktion der Pfannendeckel übernommen, die Spannachsen waren auf der linken Waffenseite unter federnd gelagerten Kappen verborgen. Dieser Schloßtyp wurde relativ häufig variiert, wobei dann auch ausnahmslos der Hahn auf der Innenseite des Schloßblechs angebracht war. Damit war die Frühform des Kastenschlosses entstanden. – Eine weitere Eigentümlichkeit stellten die sogenannten Hahnspannschlösser dar. Die Spannwelle wurde bei diesem System nicht wie üblich von außen mit einem Schlüssel aufgezogen. Vielmehr wurde, sobald man den Hahnkopf in die Zündpfanne legte, vermittels Zahnradtransmission zwischen Hahnfuß und Spannwelle das Rad in Spannstellung gebracht. Wegen des benötigten Kraftaufwandes erhielt der Hahn zur besseren Griffigkeit jetzt häufig einen geschwungenen Spanndorn.
Eine weitere Variante italienischen Ursprungs stellt das Schloß mit außenliegender Schlagfeder dar. Dieser Schloßtyp, der auch bei spanischen und portugiesischen Pistolen zu finden ist, hält sich bis ins frühe 17. Jahrhundert.

Mehrschüssige Waffen

Natürlich gab es schon zur Zeit der ersten brauchbaren Pistolen auch Überlegungen zur Verstärkung der Feuerkraft. Einerseits, weil ein im Prinzip als gut erkanntes

System immer zu Verbesserungen herausfordert – das war der theoretische Ansatz –, andererseits, weil der Alltag die Unzulänglichkeit der Gebrauchswaffen nur zu deutlich demonstrierte – von hier kam die praktische Notwendigkeit. Wenn dem zeitgenössischen Pistolenschützen empfohlen wird, er solle tunlichst erst schießen, wenn der Gegner vom Mündungsfeuer erreicht werden könne, so ist dieser Ratschlag sicher cum grano salis zu verstehen, aber er wirft doch auch ein Licht auf das Zutrauen zur eigenen Waffe, und er führt bestimmt zu nachdenklichen Überlegungen, sobald man sich vorstellt, der Schütze könne sein Ziel verfehlen oder irgendeine Art von Feuerstörung haben.
Wir wissen, daß der Schütze, also auch und gerade der Reiter, im Regelfall mehr als eine Pistole mit sich führte. Aber hier setzten Transportmöglichkeit und Gewicht gewisse Grenzen. Waffen unter einem Kilogramm waren ausgesprochen selten. Überlegungen zunächst zur Mehrläufigkeit stellten sich also zwangsläufig ein, und schon um die Mitte des 16. Jahrhunderts gab es Pistolen mit übereinanderliegenden Läufen, unverwinkeltem Griffstück und zwei Schlössern. Sehr viel seltener wurden die Läufe nebeneinander gelegt (den sogenannten Wender finden wir erst in der Steinschloßperiode). Dennoch war das System um eine gemeinsame Achse drehbarer Läufe schon aus der Zeit des Luntenschlosses bekannt. Ebenso gab es bereits vor 1600 einläufige Waffen, die eine von Hand zu drehende Trommel besaßen. Waren Kammer und Lauf richtungsgleich (formschlüssig), wurde die Trommel in dieser Stellung von einer Federsperre arretiert. Wir kennen diesen sehr seltenen Waffentyp unter der Bezeichnung ›Drehling‹.

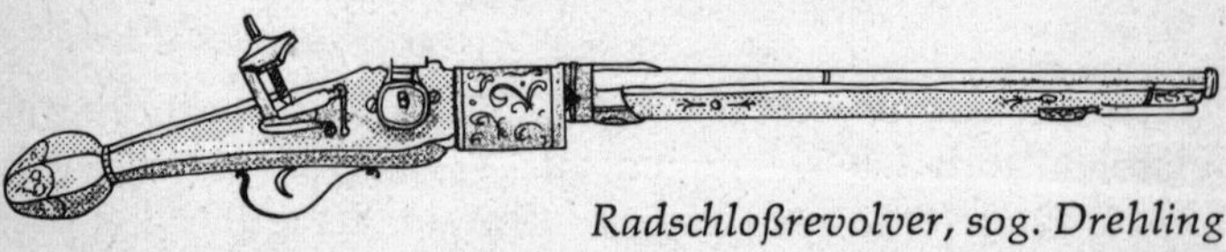

Radschloßrevolver, sog. Drehling

Bei einläufigen Pistolen, die für mehrschüssigen Gebrauch konzipiert waren, mußten die Ladungen übereinandergesetzt werden. Bei dem häufiger anzutreffenden System hat die Waffe zwei bis drei oft auf nur einem Schloßblech angebrachte Zündeinrichtungen und der Lauf weist an der die Ladung enthaltenden Stelle die dazugehörigen Zündlöcher auf. Natürlich mußte äußerst exakt geladen werden (oft wiesen die Ladestöcke Meßskalen auf), und beinahe noch wichtiger war die sorgfältige Verdämmung. Die bereits erwähnten Pistolen von *Bergier* waren für dieses System eingerichtet.

Die Römische Kerze

Das zweite System übereinandergesetzter Ladungen ist unter dem Namen ›Römische Kerze‹ bekannt. Bei dieser Mehrschußeinrichtung wies jede der im Lauf übereinandergesetzten Kugeln eine Bohrung auf, die einen Brandsatz enthielt. Die Zündung erfolgte am vorderen Laufteil, und jede Einzelladung zündete dann den Brandsatz der jeweils darunterliegenden Kugel. Die unterste Kugel war bei verbesserten Systemen nicht durchbohrt, vielmehr konnte diese unterste Ladung, mittels dort angebrachtem zweitem Schloß, separat abgefeuert werden. Mit dieser Verbesserung wird auch gleichzeitig die Crux dieser Konstruktion deutlich: war die erste Ladung gezündet, zündeten in Abständen von zwei bis drei Sekunden auch alle anderen Ladungen. Der Schütze konnte zwischen den einzelnen Schüssen gerade noch und vermutlich mühsam Zielkorrekturen vornehmen, aber ansonsten war er seiner ›arbeitenden‹ Waffe ausgeliefert, und von kontrolliertem Schießen konnte keine Rede sein. Immerhin wurde mit diesem Mehrschußprinzip, allerdings in den Artilleriebereich verlagert, bis ins 19. Jahrhundert experimentiert, und ›Espignolen‹

– so wurden diese Waffen später genannt – finden sich auf dänischer Seite noch bei den Düppeler Schanzen. Begreiflicherweise gibt es unter den Radschloßwaffen nicht sehr viele Exemplare dieser Art, aber es existiert ein vielläufiger Pistolentyp, der kurz beschrieben werden soll. Bei dieser Waffe wurden in zwei Läufen jeweils sieben Ladungen übereinandergesetzt, ein weiterer Lauf war randvoll mit Pulver gefüllt, und der vierte Lauf wurde normal geladen und als erster gezündet. Im vorderen Laufteil schlug das Feuer dieser ersten Ladung durch ein Zündloch in den mit Pulver gefüllten Lauf und zündete dessen Ladung. Diese Ladung wiederum, zündschnurähnlich nach innen abbrennend, zündete durch versetzt angebrachte Zündlöcher nacheinander die 14 Ladungen der beiden restlichen Läufe. Diese für die jeweiligen Kombattanten vermutlich höchst eindrucksvolle Waffe wurde um 1650 in Deutschland entwickelt. Als der eigentliche Erfinder dieses Prinzips gilt *John the Almain*, ein Deutscher also, der um 1580 mit dieser Waffe in England hervortrat.

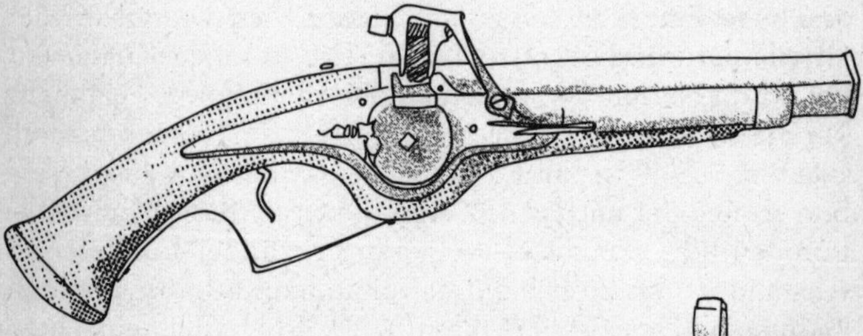

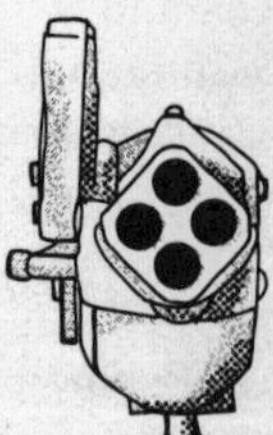

Radschloßpistole, mehrläufig

Bevor jetzt noch einige Anmerkungen zu Hinterladerpistolen gemacht werden, soll deutlich für das Verständnis weiterer Zusammenhänge gesagt sein, daß die hier aufgeführten Mehrschuß-, Trommel- und Hinterladersysteme keineswegs ausschließlich spezifische Radschloßvarianten darstellen, sondern daß sie natürlich gleichzeitig auch waffentechnische Entwicklungsgänge ankündigen, die erst in späteren Jahrhunderten zu Modellreife kommen. Gerade die frühen und keineswegs unoriginellen Versuche mit Hinterladern dokumentieren deutlich die Diskrepanz zwischen einer Prinzipvorstellung und dem Vermögen, sie technisch brauchbar umzusetzen.
Bereits für die leichten Kanonen des 16. Jahrhunderts war eine Reihe von sinnreichen Kammerverschlußsystemen, so wie wir sie aus dem Tilly-Codex kennen, entwickelt worden. Aus naheliegenden Gründen wurde unter gleichem Gesichtspunkt auch bei den Handwaffen experimentiert. Das verbindende Moment war nämlich in jedem Fall der Wunsch, eine schnellere Schußfolge zu erzielen. Relativ häufig scheint dabei auch bei Pistolen der Verschluß à la tabatière verwendet worden zu sein, ein Verschluß, dem im Prinzip auch die Snideradaption des 19. Jahrhunderts entsprach.

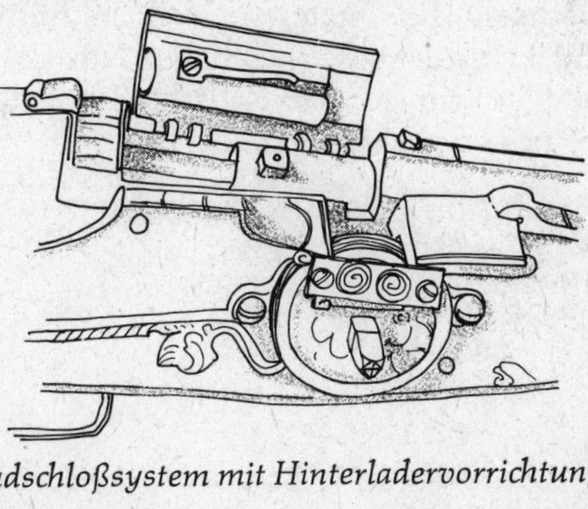

Radschloßsystem mit Hinterladervorrichtung

Ein massives scharniergelagertes Verschlußstück bildete den hinteren Laufabschluß, wenn man es gegen Federkraft in Position brachte und arretierte. In den Lauf, also gewissermaßen ins Patronenlager, wurde eine mit Pulver und Kugel geladene Eisenhülse eingeführt, wobei das Zündloch genau vor der Zündpfanne verzapft wurde. Der Vorteil dieser Konstruktion muß zweifellos darin gesehen werden, daß der Schütze mehrere dieser geladenen Kammern mit sich führen konnte und somit über eine größere Feuerkraft verfügte.

Alle Versuche mit Hinterladersystemen, seien sie nun block-, gewinde- oder scharniergesichert, brachten dem Büchsenmacher, also auch dem Meister der Radschloßära, die deprimierende Erkenntnis, daß die Waffe nicht gasdicht war. Dies war bis ins 19. Jahrhundert, als die selbstdichtende Kupfer- bzw. Messinghülse aufkam, der entscheidende Nachteil. Hinzu kam, daß Hinterladerkonstruktionen zum einen sehr teuer und zum anderen wenig robust waren. Frühe Waffen dieser Art sind also selten, aber sie dokumentieren in eindrucksvoller Weise erste Versuche an einem im Prinzip tauglichen Objekt.

Allgemein gilt, daß das Radschloß nach zweihundert Jahren Parallelexistenz mit dem Steinschloß im 18. Jahrhundert verdrängt wurde und nur noch bei Pirsch- und Scheibenbüchsen (bei letzteren, weil erschütterungsfrei), vorwiegend in ostdeutschen Gebieten, im Gebrauch war. Das letzte Pistolenpaar mit Radschloß wurde 1829 von *le Page* in Paris hergestellt.

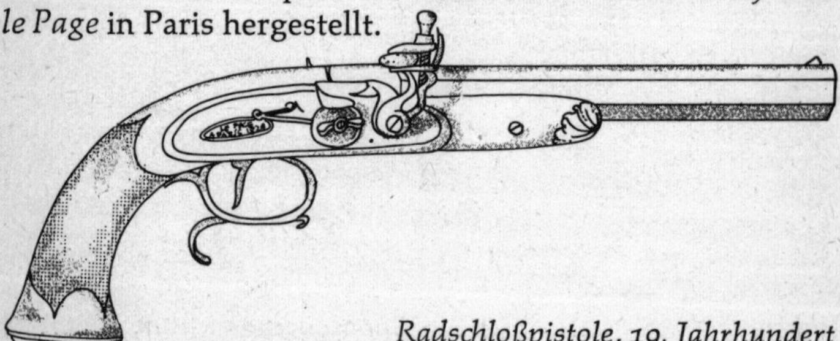

Radschloßpistole, 19. Jahrhundert

Flintschloßpistolen

Beim Radschloß wurden die Funken gerissen, bei allen Varianten des Flintschlosses hingegen geschlagen. Der unter Federspannung nach vorn schnellende Hahn, in dessen Klemmbacken der Stein festgeschraubt war, traf mit eben diesem Stein im Gleitwinkel auf eine Stahlfläche, von der die Funken in die darunterliegende Zündpfanne fielen.
Auch das Flintschloß ist augenscheinlich aus einem Feuerzeugprinzip hervorgegangen, wobei zum einen die Meinung vertreten wird, es sei damit bewußt eine Ablösekonstruktion für das teure und komplizierte Radschloß geschaffen worden, was zum anderen aber auch die Auffassung zuläßt, hier habe völlig unabhängig eine Parallelentwickung stattgefunden. Vermutlich sind beide Annahmen richtig, denn auch unabhängig voneinander entstandene Produkte treten früher oder später in Konkurrenz zueinander. Auf jeden Fall ist gesichert, daß kaum 30 Jahre nach Auftreten des Radschlosses auch die Frühform des Flintschlosses, das sogenannte Schnappschloß, bekannt wurde.

Schnappschlösser

Eine gewisse Systematik der verschiedenen Schnappschloßmechanismen ist nun allerdings nicht so sehr aus gewissermaßen genealogischen Gründen angezeigt, wiewohl zur Kenntnis des eigentlichen Steinschlosses natürlich auch die Kenntnis von dessen Vorgeschichte gehört, als vielmehr wegen der tatsächlichen waffengeschichtlichen Bedeutung mit Ausstrahlungen weit über den europäischen Raum hinaus. Wie das Luntenschloß, so überlebt übrigens auch das

Schnappschloß in außereuropäischen und randeuropäischen Gebieten seine eigentliche Blütezeit bei weitem, und der Sammler hat, sofern er den eigenen Akquisitionsradius durch gelegentliche Reisen vergrößern kann, eine relativ gute Chance, Waffen dieses Typs zu erwerben. Zahlenmäßig kommen Waffen (in unserem Bezug: Pistolen) mit Schnappschlössern nicht allzu häufig vor, ein Sachverhalt, der, zumindest im westeuropäischen Bereich, sich aus der frühzeitig einsetzenden und auch marktbeherrschenden Konkurrenz des französischen Steinschlosses erklärt. Eine gewisse Ausnahme bilden die noch zu behandelnden Miquelets.

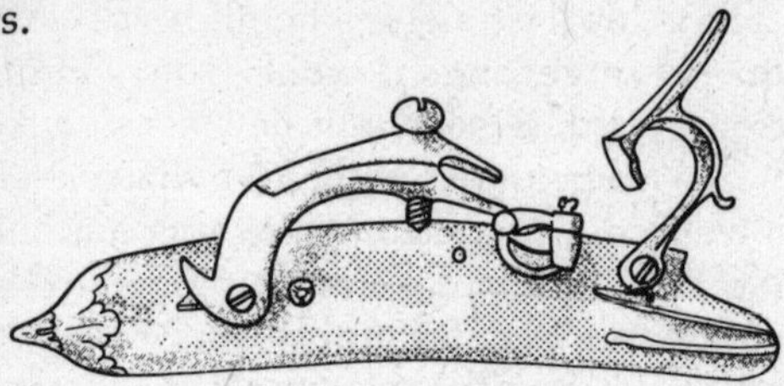

Skandinavisches Schnappschloß

Die ältere Forschung nahm Spanien als Ursprungsland des Schnappschlosses an. Heute wissen wir, daß Norditalien, vermutlich jedoch Deutschland, dafür infrage kommen. Die ältesten schriftlichen Hinweise stammen aus Schweden und Italien (hier: *Cosimo I.* verbot das Führen kurzer Stein- und Radschloßwaffen), beide aus dem Jahr 1547. Etwa zehn Jahre später datieren die ersten erhaltenen Schlösser. Sie finden sich an schwedischen Waffen, sind aber nach nahezu einhelliger Auffassung deutscher Provenienz. Obwohl im skandinavischen Raum für Pistolen das Radschloß häufig bevorzugt wurde, sei aus synoptischen Gründen hier erwähnt, daß sich im Ostseegebiet eine spezifische Form des Schnappschlosses entwickelte, die in provinziellen Gebieten bis ins 19. Jahrhundert hinein beibehalten wurde. Da dieses Schloß sich nahezu ausschließlich an Gewehren findet, soll für diesen Zusammenhang der Hinweis genügen, daß es durch eine außenliegende Schlagfeder, getrennten Feuerstahl und Pfannendeckel und durch einen überlängt erscheinenden flachbogig gearbeiteten Hahn charakterisiert ist. Nach Art der Klemmbacken-Halterung unterscheidet man des weiteren schwedische, norwegische und sogenannte baltische Schlösser.

Das holländische Schnappschloß

Ein weiterer wesentlicher Impuls für die Schnappschloßentwicklung, sowie dann später für die Verbreitung u. a. nach England und Schottland, ging von den Niederlanden aus. Auch das Wort ›Schnapphahn‹ verdanken wir wohl diesem Gebiet, und mit der Sache wanderte das Wort nahezu unverändert in die Nachbarländer (engl. ›snaphance‹, frz. ›chenapan‹). Als Charakteristikum gilt am holländischen Schnappschloß der zumeist kreisrunde Feuerschild an der Zündpfanne.

Holländisches Schnappschloß

Der Hahn hat eine lose gelagerte obere Klemmbacke und wird durch einen auf dem Schloßblech verschraubten Hahnstütz an zu weitem Vorschnappen gehindert. Die Schlagfeder liegt innen. Die Kraftübertragung von Hahn zu Feder (und umgekehrt) geschieht hier bereits vermittels der

sogenannten Nuß, einer innerhalb des Schlosses arbeitenden und durch das Schloßblech hindurch starr mit dem Hahnfuß verbundenen Hebelscheibe. In der Regel sind Nuß und Pfannendeckel mit einer Stange verbunden, die bei Vorschnellen des Hahnes und simultaner Nußdrehung den Deckel zurückschiebt. Um einem möglichen Mißverständnis vorzubeugen, sei angemerkt, daß die Einführung der Nuß keine belegbare Erfindung der Utrechter oder Amsterdamer Büchsenmacher ist, sondern daß sich dieses Werkstück auch an deutschen Waffen schon des 16. Jahrhunderts findet.
Der Abzugsmechanismus arbeitete – ein entscheidendes Merkmal aller Schnappschlösser – weiterhin horizontal und bei der Mehrzahl der Varianten vermittels Hahnarretierung durch das Schloßblech hindurch.

Abzugsvorrichtung

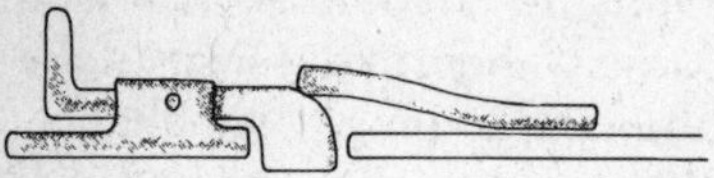

Schnappschloß

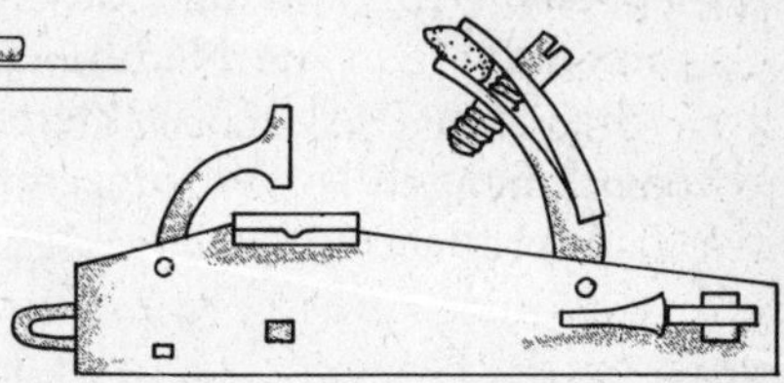

Der Hahnfuß war mit einem Sporn versehen, über welchen in Spannstellung die Nase der Abzugsstange faßte und so die Arretierung besorgte. Bei Betätigen des Abzuges trat diese Nase gegen Federkraft in das Schloßblech zurück und gab dadurch den Hahn frei.

Schottische Pistolen

Das holländische Schnappschloß, im Ursprungsland nicht eben häufig nachweisbar und nach 1650 vom Steinschloß verdrängt, hat, wie bereits erwähnt, einen bedeutenden

Einfluß auf die Waffenentwicklung, vor allem durch Handelsbeziehungen verbundener Länder, genommen. Einen eigenartigen und für den Sammler hochinteressanten Weg nahm dabei die schottische Pistole, gelegentlich auch in Deutschland mit ›Highland Pistol‹ bezeichnet. Um der Deutlichkeit willen darf nicht verschwiegen werden, daß die Ursprünge des schottischen Schloßtyps auch in England vermutet werden *(Hayward)*, ebenso wie über England aufgenommener kontinentaler Einfluß nicht ganz ausgeschlossen wird *(Blair)*. Die nachweisbaren und quantitativ wohl recht gewichtigen holländischen Waffenimporte in das Schottland des 16. Jahrhunderts erlauben aber sicher die Vermutung, daß ein direkter Bezug Schottland-Holland (bzw. Kontinent) nicht undenkbar ist – jedenfalls möchten sich einige Waffenhistoriker dieser Annahme nicht entziehen (*Peterson, Whitelaw* u. a.).
Das hervorstechendste Merkmal der schottischen Pistolen ist der Metallschaft. Vor 1650 war das Schaftmaterial häufig vergoldetes Messing, danach Eisen oder Stahl. Die Pistole, sowohl die lange Halfter-Ausführung als auch die kürzere Gürtel-Ausführung, hat ausnahmslos Gürtelhaken. Weitere Merkmale: Abzug kugelförmig, kein Abzugsbügel, Schlösser bei Paaren je rechts- und linksseitig angebracht.

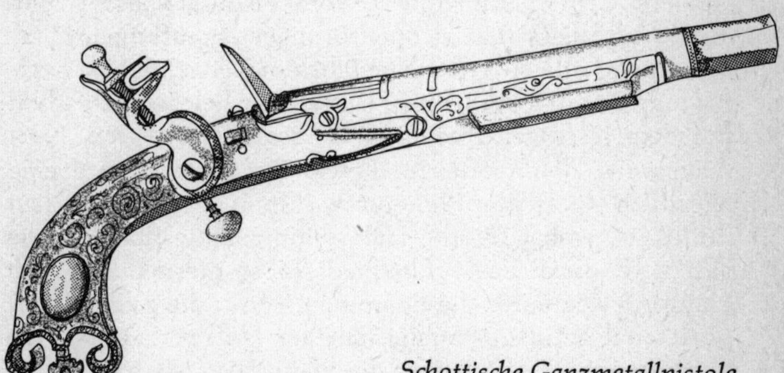

Schottische Ganzmetallpistole

Der Schloßmechanismus entspricht im wesentlichen dem holländischen Typ, d.h. die Kraftübertragung erfolgt über eine Nuß, und die Abzugsstange arbeitet horizontal durch das Schloßblech hindurch. Erst bei späteren Schlössern wirkt die Abzugsstange direkt auf die Nuß, allerdings immer horizontal.
Der typische Dekor dieser Waffe, eine tiefe Eisenschnittarbeit in keltischer Rankenwerk- und Bändermanier, erstreckt sich gleichermaßen über Schaft, Schloß und Lauf. Gelegentlich finden sich an wertvollen Stücken Einlegearbeiten in Silber. Die Signaturen und Stempel erscheinen, wie gewöhnlich, auf Lauf und Schloß, die Datierung hingegen meist auf dem Feuerschild. Da eine Datierung bei zeitgenössischen Waffen keineswegs selbstverständlich war, kann man den Meistern aus Dundee oder Edinburgh für diese exakte Angabe im Regelfall dankbar sein. Daß eine gewisse Vorsicht geboten erscheint, zeigt der beachtenswerte Hinweis von *Hoff*, wonach der Feuerschild als empfindlichstes Teil des Schlosses doch gelegentlich erneuert werden mußte.
Die Schaftform der schottischen Pistole erlaubt größere Differenzierung und erleichtert häufig die Datierung. Wie bei kontinentalen Radschloßwaffen bereits dargestellt, zeigten sich in der ersten Hälfte des 17. Jahrhunderts besonders Griffstückabschlüsse vom Fischschwanztyp und auch Abschlüsse mit zitronenförmiger Knaufkugel. Hieraus entwickelte sich nach der Jahrhundertwende der herzförmige Knaufabschluß an Pistolen, die gelegentlich schon mit dem ›richtigen‹ Steinschloß ausgerüstet waren. Normalerweise dominierte zu diesem Zeitpunkt jedoch eine spezifisch schottische Weiterentwicklung des holländischen Schlosses, wobei für die Halbspannrast die Stangennase sich noch durch das Schloßblech (aber diesmal vor dem Hahn) bewegte, für die Spannrast jedoch die gleiche (und horizontal geführte) Stange mit der Nuß verzahnte. Aus der Schnappschloßära über die Steinschloßzeit bis hin zur

Perkussionszündung des 19. Jahrhunderts hielt sich jedoch der für die schottische Pistole wohl typischste, aus dem Fischschwanztyp entwickelte Schaft, der Widderhornabschluß. Die meisten im Handel erscheinenden Stücke entsprechen dieser Variante, was nicht so sehr verwunderlich ist, wenn man bedenkt, daß bei zwar wechselnden Zündmechanismen das ›Design‹ für immerhin zweihundert Jahre beibehalten wurde. – Nahezu allen Griffstückabschlüssen gemeinsam ist übrigens eine unten in Kolbenmitte verschraubte Säuberungsnadel, die zur Reinigung des Zündlochs diente.

Das englische Schnappschloß

Die englischen Pistolen mit Schnappschloßmechanismus erinnern nur in dem ersten Viertel des 17. Jahrhunderts an die kontinentale Verwandtschaft, danach entwickeln sich unverwechselbare Einzelmerkmale. Etwa um 1630 wurden Feuerstahl und Pfannendeckel zur Batterie vereinigt, so wie die Mittelmeerschlösser schon seit 1580 ausgestattet waren. Naturgemäß entfiel damit die Sicherung durch Umlegen des Feuerstahls, und eine neue Sicherung wurde nötig. Dies besorgte ein außen hinter dem Hahn angebrachter Haken, der in eine Kerbe des Hahns faßte und ihn in Laderaststellung festhielt.

Englisches Hakenschloß

Der Haken gab dem Schloß seinen Namen. Im Englischen hieß es ›dog-lock‹, im Deutschen Haken- oder Klauenschloß. Nach 1650 findet es sich nur noch selten.
Um nicht in terminologische Schwierigkeiten zu kommen, ist ein weiterer Exkurs in die Schloßmechanik nötig. Beim schottischen Schloß wurde bereits sichtbar, daß wesentliche Momente des Schnappschlosses – horizontale Abzugsführung und direkte Stangenwirkung durch das Schloßblech hindurch auf den Hahn – verbunden werden mit Stange-Nuß-Kopplung. In England verläuft die Entwicklung ähnlich. Beim sogenannten ›englischen Schloß‹, das keineswegs ein Hakenschloß sein muß, wird, im Gegensatz zum schottischen Schloß, die Spannrast vermittels Hahnarretierung durch das Schloßblech hindurch bewirkt, während die Laderast durch Einkoppeln der gleichen Stange in eine Vertiefung in der Nuß besorgt wird. Beim Hakenschloß arbeitet die Stange nicht mehr durch das Schloßblech hindurch, sondern Lade- und Spannrast werden ausschließlich mittels Kopplung von Nuß und Stange besorgt.
Zweifellos hat bei diesen Konstruktionen das eigentliche Steinschloß bereits massiven Einfluß ausgeübt und ebenso steht außer Zweifel, daß unsere definitorischen Bemühungen dem 17. Jahrhundert so gut wie unbekannt waren. Fast alle auf den ersten Blick sichtbaren Kennzeichen des Steinschlosses waren jetzt kombiniert, der Abzugsmechanismus war allerdings immer noch der des Schnappschlosses, d. h., die Abzugsstange bewegte sich gegen Federkraft horizontal aus der Nußverzahnung und gab dadurch die Schlagfederkraft frei.
Durch den Bürgerkrieg bedingt, war die Waffenproduktion im zweiten Viertel des 17. Jahrhunderts in England recht bedeutend, und infolgedessen sind Schnappschloßpistolen zumindest bei englischen Auktionen nicht allzu selten. Vom Gesamteindruck her ähneln sie oft überraschend der kontinentalen Radschloßpistole vom Lützener Typ. Der Schaft ist verhältnismäßig schlicht, aber zumeist aus Edelholz.

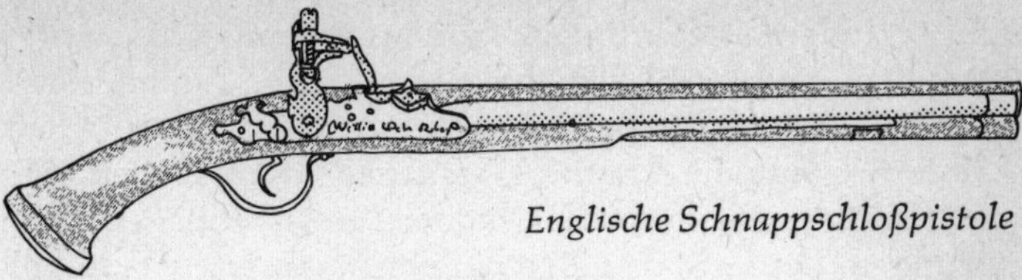

Englische Schnappschloßpistole

Um der Vollständigkeit willen soll auch erwähnt werden, daß das holländische Schnappschloß in Rußland Verbreitung fand. Der Feuerschild als eines der typischen Kennzeichen wurde grundsätzlich übernommen, wenn auch oft in verschiedenartigen Ausformungen. Die bei holländischen Pistolen gelegentlich anzutreffende, von den Radschlössern her bekannte Auswölbung des unteren Schloßrandes wird für den russischen Schnapphahn zum nahezu stereotypen Kennzeichen. Bei frühen russischen Schnappschlössern (in Rußland um die Mitte des 17. Jahrhunderts) lag außerdem die Schlagfeder oft außen und drückte von oben auf den Hahnzeh. Ein zusätzliches Charakteristikum ist weiterhin ein Ring, der, hinter der oberen Klemmbacke verschweißt, eine verbesserte Spanntechnik ermöglichte.
Zu erwähnen ist ferner, daß das holländische Schloß auf dem Handelsweg auch nach Afrika gelangte, wo es sich bis in die letzten Jahrzehnte des 19. Jahrhunderts behauptete. Es hatte den kreisrunden Feuerschild und kann nicht mit dem sogenannten Kabylenschloß spanischer Herkunft verwechselt werden.

Die Mittelmeerschlösser

Im folgenden soll auf die Pistolen mit dem sogenannten Mittelmeerschloß eingegangen werden. Waffengeschichtlich von großer Relevanz ist die ›Miquelet‹ – so der geläufigere Terminus – auch für den Sammler von besonderem Interesse, denn sie ist zu halbwegs normalen Preisen im Handel. Der Hauptgrund für diese erfreuliche Tatsache (es

gibt ›Standardausführungen‹ schon für weniger als 2000,– DM) liegt hauptsächlich in der relativ langen Produktionsdauer begründet. In Spanien und einigen mittelmeerischen Ländern wurde die Ära des klassischen französischen Batterieschlosses zugunsten der Miquelet gewissermaßen übersprungen. Die Gründe mögen in einem gewissen Traditionalismus zu suchen sein, aber sie lagen ganz sicher auch in der hervorragenden Funktionsweise des Miqueletschlosses begründet.
Bevor nun die einzelnen Pistolentypen vorgestellt werden, sei darauf hingewiesen, daß der Bereich der Schnappschloßkonstruktionen jetzt keineswegs verlassen wird. Diese Bemerkung erscheint angebracht angesichts der definitorisch bedingten Terminologieunterschiede in der Literatur. Zur Abgrenzung vom eigentlichen Stein- bzw. Batterieschloß französischer Provenienz bedienen wir uns in diesem Zusammenhang der (bereits bei *Thierbach* vorformulierten) Definition von *Torsten Lenk*, wonach vom Steinschloß erst gesprochen werden kann, wenn Feuerstahl und Zündpfannendeckel zur L-förmigen Batterie vereinigt sind und wenn gleichzeitig die Abzugsstange mit Vertikalbewegung in zwei Nußkerben für Lade- und Spannrast fassen kann. Verständlicherweise gibt es eine Reihe von Übergangsmodellen, die entweder das eine oder das andere Kriterium aufweisen. Um es hier kurz vorweg zu nehmen: die Miquelets verfügen zwar über die Batterie, haben aber einen horizontal arbeitenden Abzugsmechanismus. Pistolen hingegen mit florentinischem Schloß haben Pfannendeckel und Feuerstahl getrennt, jedoch eine vertikal wirkende Abzugsstange. Hier liegt eine interessante Kombination zwischen holländischem Schnapphahn und französischem Steinschloß vor. Der Feuerschild ist zwar unbekannt, dafür waren die Schlösser anfangs aber mit dem bekannten Hahnstütz ausgerüstet, der ab 1650 durch die Funktion der auf der Hahninnenseite angebrachten Hahnschulter abgelöst wird. Pistolen mit diesen Konstruktionsmerkmalen

wurden häufig in Bologna und Brescia hergestellt und wiesen in der Regel üppigen Schaftschmuck in typischem Eisenfiligran auf. Auch die Schlösser sind in flachgeschnittener, zumeist figürlicher Reliefornamentik gearbeitet.

Schnappschloßpistole mit florentinischem Schloß

Die Entwicklung der eigentlichen Mittelmeerschlösser setzt, zumindest in Italien, schon vor 1600 ein. Sowohl der italienischen als auch der spanischen Form gemeinsam ist die auffällige Ringkopfschraube der Klemmbacken, die Batterie und die außenliegende Schlagfeder. Gegenüber dem Schnappschloß mitteleuropäischer (bzw. auch florentinischer) Herkunft war damit eine Vereinfachung des Mechanismus eingetreten, denn es entfielen wesentliche Teile, u. a. die Nuß.

Die italienische Form

Die italienische Variante, das Schloß ›alla Romana‹, ist dadurch gekennzeichnet, daß die Schlagfeder von oben auf den Hahnzeh drückt (bei der spanischen Form drückt die gleiche Feder von unten gegen die Hahnferse).

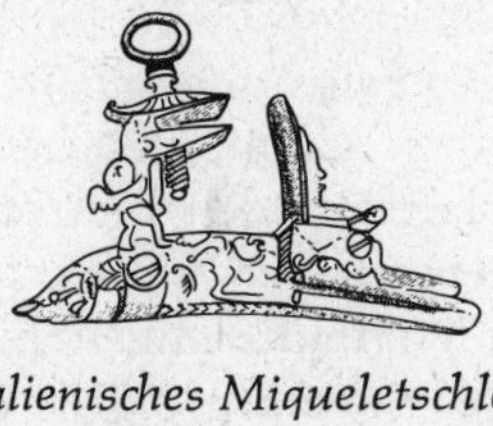

Italienisches Miqueletschloß

Der Abzugsmechanismus wirkt horizontal vermittels zweier Stangen, bzw. deren Zähne, durch das Schloßblech hindurch derart, daß bei Laderast ein Zahn unter den Zeh des Hahnes greift und bei Spannrast sich der andere Zahn über die Hahnferse schiebt.

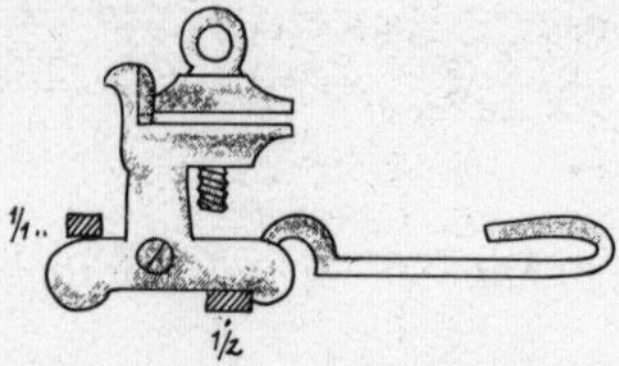

Funktionszeichnung der italienischen Miquelet

Da der Zahn der Spannraststange abgeschrägt ist, liegt, genau wie beim Radschloß, eine Verriegelung durch Kraftschluß vor. Gegen die Schlagfederkraft kann sich der abgeschrägte Zahn also nur dadurch halten, daß die Spannraststange unter Schlagfederdruck sich in oder auf der Abzugsstange arretiert. Bei der Entriegelung treten beide Rastnasen nahezu simultan in das Schloßblech zurück und lassen den Hahn vorschnellen.

Brescia, als eine der wichtigsten Produktionsstätten für Feuerwaffen, ist bereits genannt worden. Hier war eine Vielzahl italienischer und deutscher Büchsenmacher ansässig, und in unmittelbarer Nähe von Brescia, in Gardone, wurden auch die besten Läufe Italiens hergestellt. Über viele Generationen blieb die Laufqualität der Cominazzo-Werkstatt so gut, daß in ganz Europa dieser spezifische Lauf begehrt war und infolgedessen häufig Fälschungen anzutreffen sind. Die Fälschungen halten sich weder an das Kaliber des typischen Cominazzo-Laufes (etwa 13 mm) noch an die kleeblattförmigen Punzeneinschläge, die die Signatur in charakteristischer Weise umschließen.

Die schon erwähnten reichhaltigen Eisenfiligranarbeiten, die mit bewundernswerter Sorgfalt in das störrische Nußbaumholz eingelegt sind, und die etwa von 1650 bis 1700 anzutreffende leicht gewölbte Kolbenkappe sind Merkmale sowohl der Pistole mit Miqueletschloß als auch der Pistole mit florentinischem Schloß. In Mittel- und Süditalien, bedingt durch den politischen Einfluß Spaniens, war die Miquelet – und zwar auch in der spanischen Form – weiter verbreitet als im Norden. Aufgrund der besseren Schloßqualität setzte sich die spanische Miquelet ohnehin immer mehr durch, aber die italienische Schwester war dennoch eine Erscheinung sui generis.

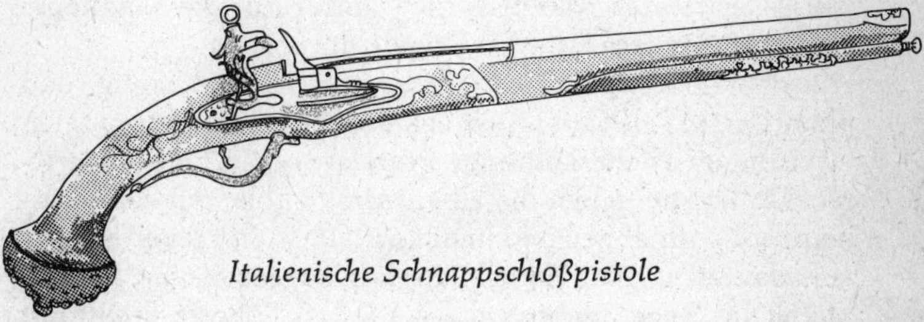

Italienische Schnappschloßpistole

Die Miquelet in Afrika und auf dem Balkan

An dieser Stelle sei ein kleiner Exkurs gestattet. Wenn man bedenkt, daß Brescia berühmt war wegen der Herstellung erstklassiger Waffen, und wenn man weiter bedenkt, daß im Regelfall die Mechanik dieser Gewehre und Pistolen einem Qualitätsvergleich mit französischen und deutschen Waffen nicht standhielt, so lassen sich leicht Rückschlüsse auf die Exporte aus Italien (aber auch aus Spanien) in die östlichen Mittelmeerländer und in den Balkan ziehen. Zur Ehre der türkischen, persischen usw. Waffenschmiede muß gesagt werden, daß es ihnen schnell gelang, diese zweitklassigen Importmodelle zu kopieren und zu verbessern.

Allein die Tatsache, daß (vom spanischen Vorbild ausgehend) eigene Schloßformen vom Miquelettyp entwickelt worden sind, die dann, zusammen mit dem Steinschloß, bis an unser Jahrhundert heran mit Erfolg im Einsatz waren, dürfte den hinreichenden Beweis für die Tüchtigkeit des Waffenhandwerks dieser Länder abgeben. Beide Schloßformen, das kaukasische bzw. persische und das sogenannte Kabylenschloß, arretieren den Hahn durch das Schloßblech hindurch. Beim Kabylenschloß allerdings nur in Spannraststellung, da die Laderast mittels eines Hakens analog dem englischen Klauenschloß bewerkstelligt wurde. Normalerweise besitzt das Kabylenschloß auch nicht die Ringkopfschraube, sondern eine Art Flügelschraube.
Aus den vielen Sonderformen der vom Handel häufig (und phantasielos) als Orientpistolen bezeichneten Waffen seien zwei immer wiederkehrende Standardtypen herausgegriffen. Da ist zum einen die albanische Pistole, mit sehr dünnem, schwach abgewinkeltem Griffstück und einer oft nur angedeuteten, aber immer länglich ausgezogenen Knaufkugel. Im Regelfall sind diese Waffen äußerst üppig mit Metallbeschlägen in zumeist floraler Ornamentik versehen. Das Material ist häufig Messing oder schlechtes Silber. Der Lauf wird, wie bei den spanischen Pistolen, mit einem (ebenfalls stark reliefierten) Metallband gehalten, wobei der Ladestockansatz als Attrappe oft einfach übergestülpt wird.

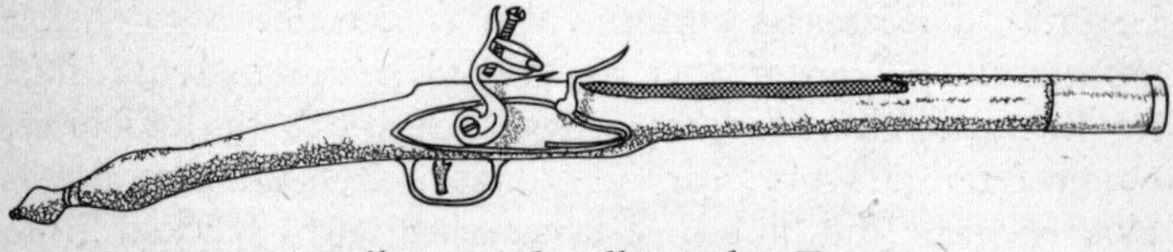

Balkanpistole, albanischer Typ

Die Schlösser (und zwar Miquelet und Steinschloß) arbeiten normalerweise funktionsgerecht, sind aber, von den Eisenschnittarbeiten einmal abgesehen, nur schwache Ko-

pien der mitteleuropäischen Präzisionsstücke. Dieser Pistolentyp wurde selbstverständlich weit über die Grenzen des heutigen Albanien hinaus verwendet und wird häufig nur als ›Balkanpistole‹ bezeichnet.
Eine weitere Sonderform stellt die Pistole vom ›Kaukasus-Typ‹ dar. Die Herstellungszentren reichten von Tula bis Nordpersien, und so sicher wie es ist, daß diese Waffe auch von Kosaken getragen wurde, so unsinnig ist es (wie in manchen Beschreibungen und Angeboten zu lesen), hier undifferenziert aber romantisch von ›Kosakenpistolen‹ zu sprechen. Diese Pistole kommt nahezu ausschließlich mit Miquelet-Schloß vor, der Lauf ist ungewöhnlich lang und

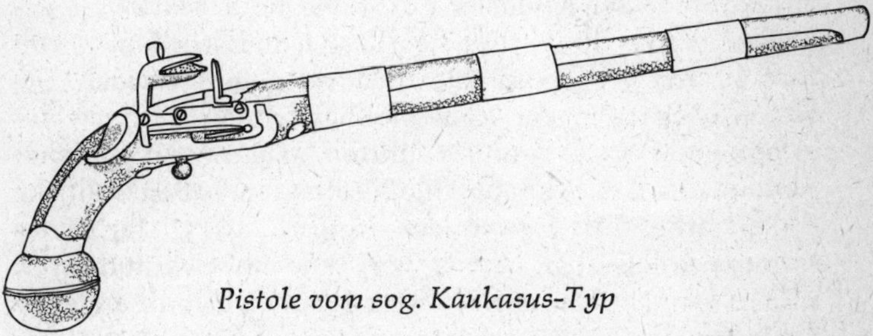

Pistole vom sog. Kaukasus-Typ

wird ebenfalls von (meist drei) Silberbändern im Schaft gehalten. Der Schaft ist oft mit Silberplatten ausgelegt, die ihrerseits zumeist in Niellotechnik bearbeitet sind. Tula war berühmt für diese Oberflächenbehandlung des Silbers, bei der eine dunkle Schmelzmasse in die Ziselierungsfurchen eingebrannt wurde. Das Griffstück ist verhältnismäßig scharf abgewinkelt und endet in einer stark ausgeprägten Kolbenkugel, die in der Regel eine Fangschnur-Öse aufweist. Ein Ladestock ist nicht vorhanden. Wie bei den schottischen Pistolen besteht der Abzug aus einem knopfförmigen Gebilde – der Abzugsbügel fehlt ebenfalls.

Die spanische Miquelet

Nach diesem notwendigerweise unvollständigen Exkurs soll auf die ›patilla‹, also auf die iberische Form der Miquelet eingegangen werden. Den bedeutenden Einfluß dieser Konstruktion haben wir bereits beobachtet. Eine Charakterisierung, verbunden mit einem Vergleich zur italienischen Miquelet, soll folgen.

Den Quellen zufolge soll in Spanien schon vor 1580 das Schnappschloß bekannt gewesen sein, und es ist nicht von der Hand zu weisen, daß bei der Entstehung bzw. Entwicklung dieses Schloßtyps deutsche Waffenschmiedekunst stark beteiligt war. Denn *Simon Marquarte*, der in Spanien als Schöpfer der Miquelet gilt, hätte noch Markwart geheißen, wären nicht schon sein Vater und sein Onkel von *Karl V.* von Augsburg nach Madrid geholt worden. Sie waren Meister in der Radschloßherstellung – *Simon der Ältere* und *Pedro* –, und sie führten, genau wie dann jener *Simon*, der das Schnappschloß erfunden haben soll, die Sichelmarke. Da *Simon der Jüngere* 1645 starb, das Schnappschloß aber bereits vor 1580 im Gebrauch war, nimmt *Hayward* an, er habe womöglich einen vorhandenen Schloßmechanismus verbessert. *Peterson* hält es nicht einmal für ausgeschlossen, daß *Simon Marquarte* das italienische Schloß verbesserte. Die endgültige Klärung dieser Frage steht noch aus.

Die spanische Miquelet, bezeichnet auch als Schloß ›alla catalana‹, ist im Regelfall in den Umrißformen kleiner als die italienische Miquelet, sie ist aber dennoch von der Konstruktion her zuverlässiger. Der Fallwinkel des Hahnes ist günstiger, und da, im Gegensatz zur italienischen Form, der Batteriestahl stets mit Vertikalriefen versehen war, die die Funkenbildung förderten, konnte nahezu jede Steinform verwendet werden. (Diese Längsriefen kommen dann auch konsequent nur noch im Umkreis der Balkanpistole vor, während das eigentliche Steinschloß normalerweise eine glatte Batteriefläche aufweist. Bereits *Thierbach* weist darauf hin, daß der Wechsel im Zündmaterial die Umstellung auf glatte Schlagflächen nötig machte. Die spanische Miquelet war notwendig dem größeren Verschleiß unterworfen.) Last, but not least: als eigentlich kennzeichnendes und unterscheidendes Merkmal gilt die Art der Kraftübertragung von der Schlagfeder auf den Hahn. Die Feder drückt von unten gegen die Hahnferse (bei der italienischen Miquelet von oben auf den Hahnzeh), Lade- und Spannrast arretieren nur den Hahnzeh.

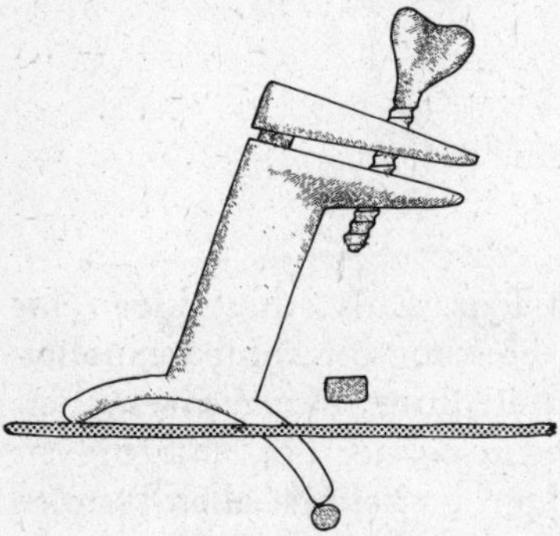

Funktionszeichnung der spanischen Miquelet

Spanisches Miqueletschloß

Zu erwähnen ist in diesem Zusammenhang eine Schloßvariante, die ausschließlich in Madrid und nur im 18. Jahrhundert hergestellt wurde. Man nannte sie das Schloß ›a la moda‹, d. h., es glich, durch Verlegung der Schlagfeder nach innen, nahezu vollständig dem klassischen Batterieschloß, entriegelte jedoch weiterhin horizontal durch das Schloßblech hindurch.

Eine typische Pistolenform scheint aus dem Gewehrschaft entwickelt worden zu sein. Man nennt sie normalerweise katalanische (auch: portugiesische) Pistole, und sie hat für unser heutiges Empfinden ausgesprochen gut proportionierte Formen.

Katalanische Pistole

Der Schaft bleibt bei diesem Typ relativ schmucklos (eine Ausnahme bildet allerdings die schon erwähnte neapolitanische oder sardische Abart mit ihrer reichen Eisenreliefarbeit), allenfalls finden sich im Bereich der Kolbenplatte einige Einlegearbeiten. Der Lauf ist bei fast allen Pistolen dieser Art mit einem Metallband im Schaft gehalten.

Neben Madrid, Barcelona und Eibar war die katalanische Stadt Ripoll als Zentrum ausgedehnter Waffenproduktion zumindest von gleichrangiger Bedeutung, und wie Brescia hielt sie diese Stellung bis ins 19. Jahrhundert. Die dominierende Dynastie bildete übrigens die deutschstämmige Familie *Deop*. Pistolen aus Ripoll haben ihre eigenen Merkmale und sollen kurz angesprochen werden. Zunächst springt die für spanische Pistolen auffällige Schmuckfreudigkeit ins Auge, wobei analog den Waffen aus Brescia das Material aus Eisendraht und Eisenplatten besteht. Am häufigsten finden sich Maureskenmotive im Zeitstil der Renaissanceornamentik. Da aber die gleichen Motive auch auf französischen und deutschen Schäften auftauchen, ergibt sich – nach *Hayward* – nicht notwendig eine Herkunftslinie vom Auftreten der Mauren in Spanien. Die Läufe sind durchweg mit Stiften befestigt, der Ladestock ist seit Mitte des 17. Jahrhunderts aus Eisen, und der Abzugsbügel hat in der Regel eine nach unten verstreichende Ausschweifung. Typisches Kennzeichen für Ripoll-Pistolen ist aber zweifellos das immer irgendwie zu klein wirkende Griffstück, d. h., der Schütze mußte die Kolbenkugel mitumfassen.

Ripoll-Pistole

Noch eine Bemerkung zur Qualität der spanischen Läufe. Bereits im 17. Jahrhundert hatten einzelne Laufschmiede entdeckt, daß das Aneinanderschweißen einzelner Laufteile fürs Ganze eine bessere Qualitätsstufe abgab. Nach Berichten von *Isidro Solér* gelang der große Wurf wiederum einem Deutschen, *Nikolas Bis,* der von *Karl II.* 1691 ins Land geholt worden war. Er schmiedete seine Läufe aus alten Hufeisen, was den entscheidenden Vorteil brachte, ein sehr lange kaltgeschmiedetes Material zur Verfügung zu haben. Es entstanden extrem dünnwandige und außerordentlich haltbare Läufe, die im Europa des gesamten 18. Jahrhunderts ihresgleichen suchten. Normalerweise waren diese Läufe gesondert gekennzeichnet (›de herraduras‹), und sie wurden ebenso häufig gefälscht wie die Cominazzo-Läufe. Im übrigen fertigte ein Kollege von *Bis,* nämlich *Alonso Martinéz,* Läufe sogar aus Hufnägeln an. Die typische Anordnung spanischer Stempelgruppen – Ornamentstempel um die untereinanderliegenden Namen- und Kontraststempel herum geordnet – wurden an vielen Stellen Europas bis hin zur exakten Kopie nachgeahmt, um gleiche Qualität vorzutäuschen.

Die Miquelet im Handel

Da die Miquelet, vor allem die spanische Form, sich über einen Gebrauchszeitraum von etwa 250 Jahren erstreckt, müssen für unseren Zusammenhang daraus noch zwei allgemeine Bemerkungen abgeleitet werden. Zum einen: eine Konstruktion, die so lange in Europa verwendet wurde (es kamen immerhin Adaptionen auf Perkussion vor), ist nicht so selten auf dem heutigen Markt, wie die Preise des einen oder anderen Händlers vermuten lassen könnten. Ein Blick in Auktionskataloge, Händlerlisten, DWJ-Anzeigen usw., kurzum in ein Material, das jedem interessierten Sammler zur Verfügung steht, zeigt für den Zeitraum nur eines Jahres ein Stückangebot, das in die Hunderte geht und das – hier lohnt sich das Vergleichen – oft genug deutliche Preisschwankungen aufweist. Eine andere Sache: mit den Daten aus der Miquelet-Entwicklung sind wir zum Teil in erhebliche zeitliche Versetzungen zur waffengeschichtlichen Allgemeinentwicklung geraten. Hin und wieder werden also Rückgriffe und Exkurse nötig sein.

Zur Terminologie

Im 17. und 18. Jahrhundert hatte man ganz sicher keine definitorischen Schwierigkeiten bei der Bezeichnung der einzelnen Waffen- bzw. Schloßtypen. Die Benennungen ›Schnapphahn‹ oder ›fusil‹ wurden recht undifferenziert gebraucht (der Ausdruck ›Miquelet‹ kam erst im 19. Jahrhundert auf), und erst mit der vergleichsweise modernen Definition des Steinschlosses lassen sich die Dinge etwas übersichtlicher darstellen. Wie schon erwähnt, spätestens seit den Forschungen von *Torsten Lenk* sprechen wir vom Steinschloß dann, wenn Pfannendeckel und Feuerstahl zur

Batterie vereinigt sind und wenn gleichzeitig die Abzugsstange vertikal in zwei Nußkerben arbeitet. Auch wenn man sich vor Augen hält, daß mit der Miquelet eine interessante Parallelkonstruktion gegeben war, und wenn man ferner ruhig hinzurechnet, daß noch 1775 die österreichische Armee offiziell das Schnappschloß für ein Infanteriegewehr einführte, so stellt dennoch das Steinschloß ab etwa 1630 für zweihundert Jahre eine Art erratischen Block in der Waffentechnik Europas dar. Zwar lassen sich graduell immer wieder Veränderungen und Verbesserungen feststellen, prinzipiell ändert sich jedoch bis hin zum Perkussionsschloß nichts. Eine deutlichere Differenzierung ermöglicht hingegen das neue Schloß selbst, denn erst jetzt konnte man (besonders in England) die Varianten der kurzläufigen Taschenpistolen entwickeln. Immer sichtbarer wird auch der Unterschied zwischen Zivil- und Armeemodellen, und naturgemäß nimmt die Zahl der für den Sammler erreichbaren Waffen jetzt beachtliche Dimensionen an. Das Problem des qualitätsbewußten Kaufes wird hochaktuell – besonders auf dem deutschen Markt. Doch zunächst zurück zu den Anfängen der Steinschloßwaffen.

Das Batterieschloß

Es ist anzunehmen, daß aus der Verbindung von Konstruktionsmerkmalen des Mittelmeerschlosses und des holländischen Schnappschlosses das Steinschloß zwischen 1600 und 1615 in Frankreich konzipiert worden ist. Die Batterie war durch die Schlösser alla romana und alla catalana vorgegeben, die Idee mit der Nuß lieferte das Schnappschloß vom holländischen Typ. Neu war die Vertikalbewegung der Abzugsstange und – allenfalls – die gekerbte Nuß. *Blair* weist jedenfalls zu Recht darauf hin, daß die Nuß des englischen

Schnappschlosses schon längst mit Rasten versehen war und womöglich bei der französischen Erfindung Pate gestanden hat.
Noch vor etwa hundert Jahren (zu Zeiten also des so sehr verdienstvollen *M. Thierbach*) galt es als sicher, daß man den Erfinder des Steinschlosses nie würde ausmachen können. Heute haben wir sehr wohl einen Namen zur Hand, und zwar den eines zunächst nur ›einfachen‹ Handwerkers aus Lisieux in der Normandie: *Marin le Bourgeoys*. Er scheint eine Art Universalbegabung gewesen zu sein, denn er konnte ebensogut ein Bild malen wie auch ein Radschloß bauen, und nachdem er zum Kammerherrn *Heinrichs IV.* avanciert war, wurde er nach dessen Tod bald auch für *Ludwig XIII.* tätig. Um 1610 dürfte er das erste Dedikationsgewehr überreicht haben, und bald darauf beteiligte sich auch sein Bruder *Jean* an der Herstellung von Steinschloßwaffen.

Stilrichtungen

Die Einführung des Steinschlosses ging sehr rasch vonstatten. In Pariser Vorlagebüchern für ornamentalen Waffenschmuck wurde es bereits in den dreißiger Jahren des 17. Jahrhunderts aufgenommen – gegen Jahrhundertmitte war es allgemein in Europa bekannt. Wie beim Schnappschloß waren Hahn und Schloßblech auch beim frühen Steinschloß flach gearbeitet. Bis etwa 1630 wurde auch der Hahnstütz noch verwendet, und bei einer Reihe von Schlössern war die Batteriefeder innengelagert. Bis etwa zur Jahrhundertmitte wies auch die Hahnbefestigung eine typische Eigenart auf: ein durch Hahnfuß und Nuß laufender Gewindebolzen wurde hinter der Nuß von einer Mutter gehalten. Die Schaftform, besonders die Form des Griffstückes, war in Frankreich gegen 1640 bereits so ausgeprägt, wie sie dann im ganzen 18. Jahrhundert beibehalten wird. Die ge-

wölbte Schaftkappe besteht meist aus Messing, und die zunächst nur stummelförmigen Seitenverlängerungen erstrecken sich bereits gegen 1660 über den ganzen Griff.
Seit 1650 tritt gelegentlich eine gewölbte Schloßform auf. Vermutlich leitet sich diese Neuerung von den Vorbildern deutscher und holländischer Radschlösser her – auf jeden Fall gab die notwendige Materialverdickung die Möglichkeit, die Schloßschrauben jetzt tiefer zu verankern und von drei auf zwei zu reduzieren. Häufig wird diese neue Form, die (auch für flache Schlösser) eine Tendenz zur figürlichen Plastik und zum floralen Ornament mitbringt, in der Literatur mit ›Thuraine- und Le Hollandois‹-Stil bezeichnet.

Studel und Nuß

Zwei technische Verbesserungen sind – ebenfalls um die Jahrhundertmitte – am Steinschloß festzustellen. Die Nuß wird einseitig zu einem Vierkant ausgeformt, der durch das Schloßblech reicht und in eine entsprechende Aussparung des Hahnkörpers paßt. Eine Schraube sichert den Hahn auf diesem Nußvorsprung. Zum anderen wird um diese Zeit die Studel entwickelt, d. h., über die Nuß und später auch über die Abzugsstange wird eine Platte geschraubt, die das durch Federspannung und Materialverschleiß bedingte Verkanten der Nuß verhindert. Das Steinschloß ist jetzt voll entwickelt.

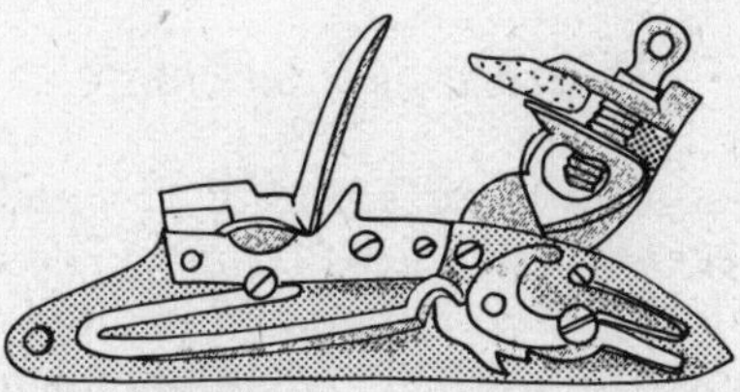

Schemazeichnung des Batterieschlosses

Verbreitung des Batterieschlosses

Aus den verschiedensten Gründen wurden die Impulse, die von Frankreich ausgingen, in anderen europäischen Ländern mit Zögern aufgenommen. England hatte ein hervorragend arbeitendes Schnappschloß, und die ersten Batterieschlösser tauchen dort auch erst sehr viel später, nämlich im letzten Viertel des 17. Jahrhunderts, auf. Vom englischen Schloß werden dann sogar konstruktive Einzelverbesserungen auf das kontinentale Schloß übertragen werden. – Auch in Deutschland wird, aus einem durch das Radschloßrenommee zu erklärenden Traditionalismus heraus, das Steinschloß nur langsam angenommen. Merkmale bestimmter Produktionsräume werden dabei ohne weiteres von den Radschloßwaffen auf die Steinschloßwaffen übertragen, so z.B. die bereits erwähnten spezifischen Schäftungsarbeiten des Augsburger Gebietes. Im übrigen bilden sich keine nationalen Stilbesonderheiten heraus – im Gegenteil: durch möglichst exaktes Kopieren des französischen Vorbildes und auch durch französisierte Namen wird der Leitcharakter des französischen Waffenhandwerks besonders hervorgehoben. – Über den Mittelmeerraum braucht an dieser Stelle nichts gesagt zu werden. In Spanien dominierte die Miquelet, und Italien hatte mit dem bereits erwähnten florentinischen Schloß mehr als nur eine Ersatzlösung.

Weitere Stilmerkmale

Zwischen 1660 und 1670 erreichte das Steinschloß eine Form, die gelegentlich mit dem Beiwort ›klassisch‹ versehen wird. Die Schlösser sind schmal, gewölbt und machen einen leicht gebogenen Eindruck. Die Zündpfanne hat jetzt einen deutlich ausgeprägten Feuerschirm. In Frankreich gilt zu dieser Zeit *Bertrand Piraube* als bedeutendster Büchsenmacher – seine Waffen sind übrigens durchweg datiert. Gegen 1700 wird die Schloßform plötzlich wieder flach (von *Lenk* – nach dem anerkannten Ornamentalisten – mit ›Berain-Stil‹ bezeichnet), das Schloß wirkt gerade, der Zündpfannenkragen ist nicht mehr rund, sondern eckig. Der Berain-Stil hält ungefähr 50 Jahre an, und etwa ab 1750 dominieren wieder die gewölbten Formen. Der Hahn hatte mittlerweile eine S-förmige Gestalt, die sogenannte ›Schwanenhalsform‹ angenommen. Die Schäfte der Pistolen wurden aus Nußbaumholz – bis zu Anfang des 18. Jahrhunderts zumeist Wurzelholz – gearbeitet, man legte jetzt ausdrücklich Wert auf eine gute Maserung. Etwa mit Auslaufen des Berain-Stils (gegen 1770) ändert sich auch die Laufbefestigung im Schaft. Statt Stiften werden jetzt flache Stahlschieber verwendet, die eine schnellere und vor allem schonendere Montage ermöglichten. Die klassische Reiterpistole des 18. Jahrhunderts gilt vom Habitus her zu Recht auch heute noch als Waffe von vorbildlicher Eleganz.

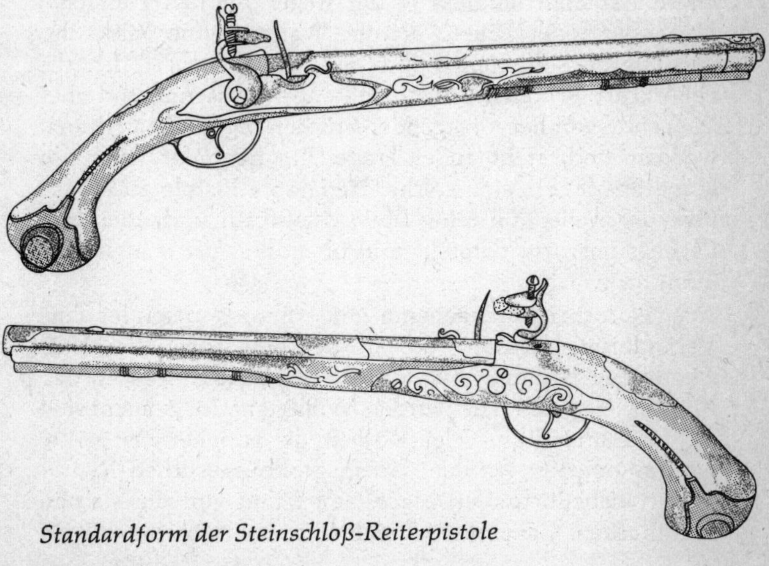

Standardform der Steinschloß-Reiterpistole

Steinschloßpistolen im Handel

Viele der heute angebotenen Steinschloßpistolen sind nicht in allen Teilen original. Haben diese Änderungen vor mehr als hundert Jahren stattgefunden, wird man in der Regel davon ausgehen können, daß lediglich der Gebrauchswert der Waffe verbessert werden sollte. Der Sammlerwert solcher Stücke ist dadurch lediglich reduziert. Infrage kommen hier zeitgenössische Reparaturen oder das Auswechseln von Verschleißteilen, wie z.B. Feuerstahl, Hahnkörper, Hahnlippen usw. Hierunter fällt weiterhin die Aptierung, womit normalerweise die totale Umstellung auf ein neues System gemeint ist. Anteilmäßig ist dabei die Umstellung vom Steinschloß auf das Perkussionssystem am gewichtigsten. Man erkennt diese Art der Aptierung sofort, denn das Schloßblech bleibt ja erhalten, und alle auf abmontierte Schloßteile (Zündpfanne, Batteriefeder) hinweisenden Schraubengänge wurden vernietet oder blind verschraubt. Diese Arbeiten nahmen in der Regel auf den Handels-, Liebhaber- oder Kunstwert der Waffen keine Rücksicht, auch hierbei sollte ja lediglich der Gebrauchswert, d.h. die Feuerkraft, erhöht werden. Daß dabei Tausende und aber Tausende von hervorragenden Stücken regelrecht verhunzt worden sind, steht außer Frage. Ein Sammler wird sich lange überlegen, eine solche irreparable Pistole zu erwerben, die weder die reine Steinschloßform noch die reine Perkussionsform darstellt und obendrein oft sehr lieblos montiert wurde.

Ausgesprochen unangenehm sind für den Sammler jene Veränderungsarbeiten, die, durch keine technische Notwendigkeit bedingt, etwa seit den Gründerjahren an den Waffen vorgenommen wurden. Wohlgemerkt, gemeint sind nicht die unendlich vielen Kopien, die zu jener Zeit völlig naiv angefertigt wurden, einem großbürgerlichen Repräsentationsbedürfnis entgegenkamen und vor allem schön sein mußten. Gemeint sind vielmehr jene Arbeiten, die ein

Kombinationsprodukt von Täuschungsabsicht und Gewinnstreben darstellen. Hierzu sind bereits relativ unaufwendige Dinge zu rechnen, wie etwa das Nachornamentieren von Neuteilen, die man jedoch meist durch exakten Materialvergleich erkennt. Schwieriger zu erkennen sind die skrupellosen Zuschreibungen mittels Falschsignatur und gegebenenfalls auch noch einheitlicher Punzierung. Gerade auf dem Gebiet der gesuchten Preußenwaffen erreichen die Falsifikate erstaunliche Qualität, und angesichts der tatsächlich häufigen Modelländerungen und Aptierungen jener Tage ist dem Sammler, sofern er selbst nicht Experte ist, unbedingt zu einer seriösen Expertise zu raten. Know-How kostet Geld und ein metallurgisches Gutachten auch, aber der Kauf einer ›Blüte‹ ist teurer – abgesehen davon, daß einem der Spaß verdorben werden kann. Und das läßt sich nicht in Geld umrechnen.

Zustandsbeschreibungen

Ein Exkurs, der über die Steinschloßwaffen natürlich hinausgeht, soll sich anschließen. Auch in Deutschland wird ein Teil der Waffenan- und -verkäufe über den Postweg abgewickelt, wenn auch nicht in dem Ausmaß wie in den USA. Notgedrungen ist hier das gegenseitige Vertrauen die Grundlage jeder Transaktion, und als halbwegs brauchbarer Hilfe bedient man sich dabei der sogenannten Zustandsbeschreibungen. Leider sind wir auf diesem Gebiet fernab von jeder Einheitlichkeit, und damit wird die Crux schon sichtbar. Die Angabe ›very good‹ hat auf einer elfstufigen Skala natürlich einen anderen Stellenwert als auf einer siebenstufigen (wie der z. B. der National Rifle Association), und so lange nicht dazu gesagt wird – was nicht allzuhäufig geschieht –, in welchem Bezugsfeld die jeweilige

Qualitätsbezeichnung steht, ist sie nutzlos und irreführend. Hinzukommt, daß – inspiriert vom Schulnotensystem – bei vielen Angeboten einfach ›Zustand 1‹ oder ›Zustand 2‹ geschrieben wird, ein Verfahren, das wegen der geringen Skalenbreite notgedrungen zu Unzulänglichkeiten führen muß (›Zustand 1, nicht nummerngleich‹). Eine weitere Eigentümlichkeit, die besonders den jungen und unerfahrenen Sammler verwirren kann, ist die Diskrepanz zwischen Alltagsbedeutung eines Wortes und Skalenbedeutung. Die Bezeichnung ›gut‹ – hier einmal als arithmetisches Mittel aus den verschiedenen Bewertungsrichtlinien gesehen – besagt zwar, daß die Waffe mechanisch einwandfrei arbeitet und daß die Beschriftung lesbar ist, aber sie besagt gleichzeitig, daß keine Originalbrünierung mehr vorhanden sein muß, daß kleinere Rostnarben vorhanden sein dürfen usw. Wer gleichzeitig Münzen sammelt, wird sich in diesen Sonderbarkeiten eher zurechtfinden, er weiß, daß eine ›gut‹ erhaltene Münze (›good‹) für ihn allenfalls als Belegstück infrage kommt. – Aus alledem kann eigentlich nur die Empfehlung abgeleitet werden, bei Zustandsbeschreibungen so ehrlich und so ausführlich wie möglich vorzugehen. Es gibt nun einmal verschiedene Maßstäbe, die dem einen oder anderen kleinen Gauner bei manipulierten Beschreibungen den Ausweg in die empörte Unschuld offenlassen, aber auch hier zahlt sich à la longue nur die Honorigkeit aus. Ein Verkäufer, der sich auf das klassische ›caveat emptor‹ zurückzieht, steht unter seriösen Sammlern auf verlorenem Posten.

Unnötig eigentlich, darauf hinzuweisen, daß bestimmte Zusammenhänge bestehen zwischen dem jedermann einsichtigen Marktgebaren und dem Verhalten im stillen Kämmerlein, zwischen der Rechenschaftsbindung an die Allgemeinheit also und der Rechenschaftsbindung an sich selbst. Ein seriöser Sammler wird seine Waffen immer nach bestimmten ›ethischen‹ Grundsätzen behandeln, sich selbst zur Freude und der Mit- und Nachwelt zum Nutzen. Er wird grundsätzlich nicht reparieren, nachbrünieren oder irgend etwas an der Waffe verändern, ohne es nicht gleichzeitig zu kennzeichnen bzw. im Verkaufsfall bekanntzugeben. Er wird mit äußerster Sorgfalt eine adäquate Entrostungsmethode wählen. Er wird keine Beschriftungen, Signaturen, Punzierungen usw. beseitigen oder ergänzen. Er wird allenfalls restaurieren, aber er wird niemals fälschen und verfälschen. Dieser kleine Regelkatalog ließe sich erheblich erweitern.

Zwei Beispiele aus der Tagespraxis sollen die Anwendbarkeit dieses Exkurses demonstrieren. In den letzten Jahren wächst das Angebot spezifisch amerikanischer Waffen des 19. Jahrhunderts. Diese Waffen sind zwar echt, aber in den qualitätsbewußten Sammlerkreisen der USA so gut wie nicht abzusetzen. Würde man die Skalen der Zustandsbeschreibungen zu Hilfe nehmen, käme man über ›fair‹ mit Sicherheit nicht hinaus. Es sind im Grunde also Klamotten. Der Käufer ist enthusiasmiert, endlich eine echte ›Winchester‹, endlich einen echten ›Colt‹ kaufen zu können, und er wird den unverschämten Preis zahlen und über klappernde Verschlüsse, gebrochene Blattfedern usw. hinwegsehen. Diese Waffen gehören in keine Sammlung. – Das zweite Beispiel ist noch ärgerlicher. Aus Arsenalbeständen meist nichteuropäischer Länder kommen hin und wieder Posten recht ordentlicher Perkussionswaffen ursprünglich englischer Provenienz auf den Markt. Man fährt regelrecht zusammen, wenn man die Stücke dann in die Hand nimmt. Irgendein Barbar hat aus den vermutlich unansehnlichen Pistolen und Gewehren vermittels Poliermaschine blankgescheuerten Unsinn gemacht. Schlösser und Läufe glänzen, aber da man sich ja keineswegs die Mühe genommen hat, die Waffen vor dieser Prozedur zu demontieren, sieht man an allen versenkten Stellen und unter den Laufbändern (man möchte sagen) den guten alten Rost. Dies mag als besonders deutliches Beispiel dafür dienen, daß Profitgier grundsätzlich destruktiv ist.

Englische Steinschloßpistolen

Nach dieser thematischen Seitwärtsbewegung wollen wir zur Steinschloßpistole zurückkehren. Die spezifisch kontinentalen Entwicklungsmerkmale sind für Typ und Technik bis etwa 1750 skizzenhaft bekannt, und sie müssen als Bestimmungsmerkmale hier auch ausreichen. Mehr oder weniger ist die Waffenentwicklung für den dargestellten Zeitraum ohnehin normiert, zumal erhebliche Quantitäten, besonders im Bereich der Militärwaffe, jetzt in staatlichen Manufakturen hergestellt werden. Einzige Ausnahme bis ins 19. Jahrhundert hinein bleibt England.

Die englische Pistole des 18. Jahrhunderts unterscheidet sich nach Form und Technik so wesentlich von der Kontinentalentwicklung, beeinflußt diese aber wiederum so deutlich, daß wir näher auf sie eingehen müssen. Der holländische Einfluß auf englische Waffen hatte schon gegen Ende des 17. Jahrhunderts nachgelassen, aber nach dem Edikt von Nantes machte sich auf dem Wege der Hugenotteneinwanderung kurzfristig sehr ausgeprägt französischer Einfluß geltend. Französische Musterbücher und Ornamentblätter gelangten von Soho, dem Sitz der Hugenotten, allmählich nach Whitechaple, dem Zentrum der Londoner Büchsenmacher. Auf schloßtechnischem Gebiet wurde jetzt die Studel und der Springkeil übernommen. Den Springkeil findet man an Steinschlössern etwa ab 1700. Er stellt ein beweglich in die Nuß eingelagertes Werkstück dar, das die Abzugsstange daran hindert, sich im Augenblick der Entriegelung in der Ruhrastkerbe zu verhaken.

›Turn-off‹-Pistolen

Die spezifische Eigenart englischer Pistolen über zweihundert Jahre hin besteht im System des abschraubbaren Laufes. Selbstverständlich handelt es sich dabei nicht um die ausschließliche, wohl aber um die charakteristische Erscheinungsform, die dem Sammler unter der Bezeichnung ›Turn-off‹-Pistole geläufig ist. Von etwa 1640 bis 1700 dominiert noch die lange Reiterpistole – auch sie wegen des ›Turn-off‹-Systems bereits mit Halbschaft –, danach setzt ein deutlicher Trend zur Reise- und Taschenpistole ein.

Die Vorteile des abschraubbaren Laufes mußten auch den Zeitgenossen so deutlich sein, daß es eigentlich verwundert, diesen Pistolentyp originär nahezu ausschließlich in England zu finden. Womöglich waren neben den bekannten traditionalistischen Gründen vor allem ästhetische Gesichtspunkte ausschlaggebend, denn tatsächlich haben diese englischen Waffen ausnahmslos ein etwas unelegantes Aussehen. Die Reichweite und Treffsicherheit hingegen waren erstaunlich. *Peterson* überliefert die hübsche Geschichte, wie *Prinz August von der Pfalz* vor dem erstaunten *Karl I.* einen fünfundfünfzig Meter entfernten Kirchturmhahn mit eben solcher Pistole trifft und, als man den Zufall ins Spiel bringen möchte, mit seiner zweiten Waffe den gleichen Treffer anbringt. Das ›Turn-off‹-System erlaubte nicht nur ein gleichbleibendes Pulvermaß, es ermöglichte auch und vor allem die Verwendung von Kugeln, die etwas stärker als der Laufdurchmesser waren. Eine von vorn eingebrachte Kugel mußte notwendigerweise kleiner als Kaliberstärke sein. Im Ergebnis brachten solche im Lauf schlotternden Kugeln natürlich sehr unbefriedigende Trefferbilder, und erst die Verwendung gepflasterter Kugeln konnte teilweise Abhilfe schaffen. Mit Verbreitung der ›Turn-off‹-Pistole im 17. Jahrhundert war man sich des systemimmanenten Vorteils durchaus bewußt, denn die Mehrzahl dieser Waffen hatte obendrein gezogene Läufe. Zu jener Zeit war das keineswegs selbstverständlich, schon gar nicht bei Pistolen. Wenn man von gezogenen Läufen sprach, dachte man in erster Linie an deutsche Jagd- und Scheibenbüchsen.

Eine Eigentümlichkeit soll gleich hier erwähnt werden. Neben der Pistole mit abschraubbarem Lauf

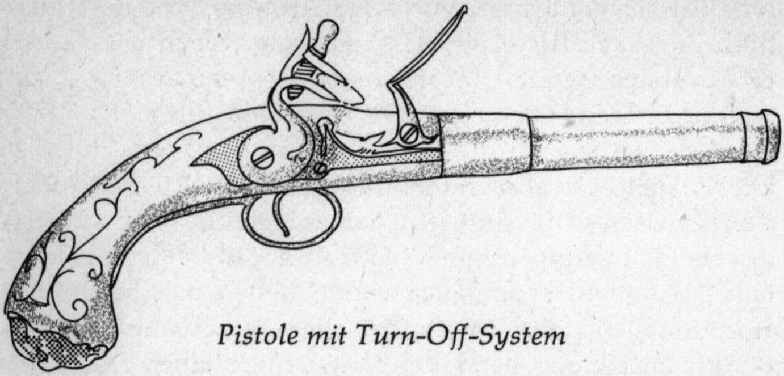

Pistole mit Turn-Off-System

gibt es eine täuschend ähnliche mit starrem Lauf, wenngleich weniger häufig. Da sie notwendigerweise von vorn geladen werden mußte, ist denn auch der Ladestock im Vergleich das typische Merkmal.

Pistole mit Ladestock (kein Turn-Off-System!)

Den langen Pistolentyp mit ›Turn-off‹-System, die Reiterpistole also, gab es ab 1700 praktisch nicht mehr. An seine Stelle traten im 18. Jahrhundert die kürzeren Gürtel- und Taschenpistolen. Auch bei ihnen ist der Lauf abschraubbar, jedoch häufig vermittels eines beweglichen Fanggliedes mit dem hinteren Waffenteil verbunden, so daß man beim Laden gewissermaßen die ganze Waffe in der Hand behielt. Gemeinhin ist dieser kürzere Typ als ›Queen-Anne‹-Pistole bekannt. Wegen der stark gestauchten Laufmündung (wodurch eine gewisse Ähnlichkeit mit einem Kanonenlauf gegeben ist) bezeichnet man gelegentlich diese Waffen als Pistolen vom ›Cannon-Barrel‹-Typ. Bei nahezu allen Waffen des stark verkürzten Typs (die Länge variiert zwischen 15 und 20 cm) wird der Griff kurz und gedrungen. Die Kolbenkappe weist, wenn überhaupt, nur noch einen Sporn an der Griffstückoberseite auf. Die Kappe selbst – Material Messing, seltener Silber – ist recht häufig als Maske ausgeformt. Zuliebe der Kompaktheit fehlt auch gelegentlich der Abzugsbügel.

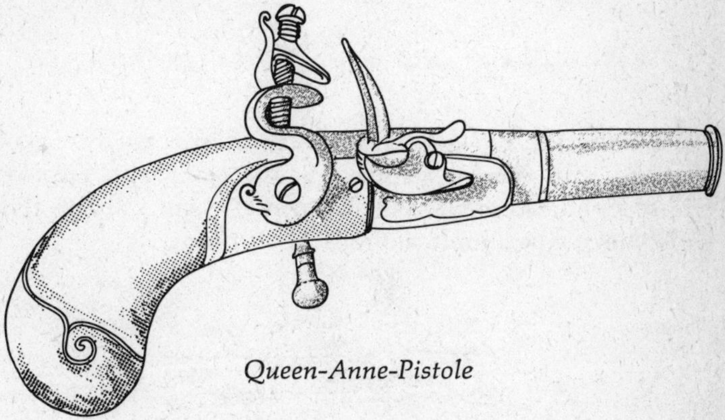

Queen-Anne-Pistole

›Box-lock‹- und Taschenpistolen

Gegen 1750 setzte sich das Kastenschloß (engl. box-lock) durch. Der Hahn wurde bei diesem Schloßtyp nicht mehr außen am Schloßblech, sondern genau in Schloßmitte angebracht, und Zündpfanne und Zündloch lagen jetzt direkt hinter der Kammer. Die Waffe war jetzt noch schlanker geworden, und bevorzugt findet sich dieses Schloß denn auch an den ohnehin kleinen Taschenpistolen. Gegen Ende des 18. Jahrhunderts kommt als weitere Miniaturisierung der versenkbare Abzug auf (folding-trigger), d. h., der

Abzug springt erst bei Hahnspannung in Normalstellung. Viele der Taschenpistolen waren mehrläufig und hatten einen Metallschaft.

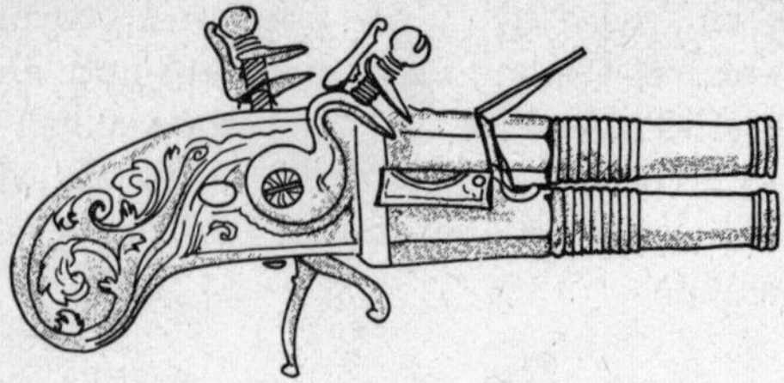

Taschenpistole mit Folding-Trigger

Viele dieser Waffen weisen auch einen Zusatz auf, den man eher als Kuriosum bezeichnen kann: ein Klappbajonett. Dieser kleine Dolch war selten länger als 5 cm, er hatte also wohl eher die berühmte ›moralische Wirkung‹.

Taschenpistole mit Klappbajonett

Im übrigen wurden die englischen Taschenpistolen, ganz besonders diejenigen mit Metallschaft, von belgischen Büchsenmachern (also vorwiegend in Lüttich) in völlig skrupelloser Art und Weise nachgebaut und gefälscht, indem anglisierte Signaturen und falsche Beschaumarken verwendet wurden. *Hoff* gibt den guten Hinweis, daß bei den echten englischen Metallpistolen die Linie zwischen Griff und Schloß senkrecht-gerade oder bogenförmig verläuft, während die Pistole aus Lüttich an dieser Stelle immer eine treppenförmige Linie hat.

Englische Schloßverbesserungen

Da in der zweiten Hälfte des 18. Jahrhunderts in England einige wesentliche Verbesserungen am Steinschloß vorgenommen wurden und da diese Verbesserungen auf dem Kontinent bereitwillig aufgegriffen wurden, seien sie hier kurz dargestellt. Von den Büchsenmachern war es schon immer als vordringlich angesehen worden, die Kraft der Schlagfeder gegen die Kraft der Batteriefeder in das richtige Verhältnis zu bringen. Da vor allem die Überwindung der jeweiligen Reibungswiderstände zu Komplikationen führte, die durch Polieren, Härten und Verkleinerung der Reibungsfläche bzw. durch untergelegte Scheiben (schwebender Gang) nicht völlig zu beseitigen waren, kam in den siebziger Jahren als wesentliche Verbesserung das sogenannte Kettenschloß auf. Die direkte Auflage der Schlagfeder auf der Nuß wurde durch ein dazwischengelegtes Kettenglied vermieden, und somit fiel ein gewichtiger Reibungsanteil fort. Aus gleicher Überlegung heraus wurde zur selben Zeit zwischen Batterie und Batteriefeder eine Friktionsrolle eingebaut. Üblicherweise weist die Feder an der Auflagestelle der Rolle eine Verdickung auf. – Eine weitere Verbesserung wurde mit der sogenannten Wasserpfanne vorgelegt, einer Konstruktion, die als Regenschutz wirken sollte. Am häufigsten wird eine Art Regenrinne mit Ablaufloch um die Pfanne gelegt, aber sehr oft findet sich auch auf dem Pfannenrand ein umlaufender Grat, auf welchen eine entsprechende Vertiefung der Batterie dicht schließt. – Eine spezifisch englische, d. h. nicht auf den Kontinent übertragene Eigentümlichkeit stellt der ›dog-catch‹ – hier in reiner Sicherungsfunktion – dar. Bereits gegen 1700 scheint dessen Vorkommen jedoch stark nachzulassen.

In Frankreich wurden diese Verbesserungen von *Boutet* aufgegriffen und in die von ihm geschaffene letzte französische Stilform der Steinschloßwaffe integriert. Neben *Boutet* muß allerdings die Pariser Büchsenmacherdynastie *La Roche* erwähnt werden, deren Pistolen – in eleganter Form, aber mit überladenem Dekor – fast schon eine Dekadenzstufe der klassischen Reiterpistole darstellen. Eine weitere wichtige Produktionsstätte sowohl für Militärwaffen als auch für Luxuswaffen war die ›Manufacture Royale de Saint-Etienne‹, die durchaus als Konkurrenzunternehmen zur Versailler Waffenfabrik anzusehen ist, deren Leiter *Boutet* 1792 geworden war.
Diese Fabrik arbeitete bis 1818 und wurde dann, nicht zuletzt wegen preußischer Zugriffe, geschlossen. *Boutets* Waffen waren ausgesprochene Luxusstücke und unterschieden sich sehr deutlich von der Standardproduktion der Versailler Fabrik. Er setzte hervorragende Schaftschneider ein, die Beschläge sind vorwiegend aus Gold und Silber gefertigt, Läufe und Schlösser sind auf gebläutem Grund mit vergoldeten Ornamenten versehen. Eines der typischen Merkmale der *Boutet*-Waffen ist die eigentümliche Hahn-

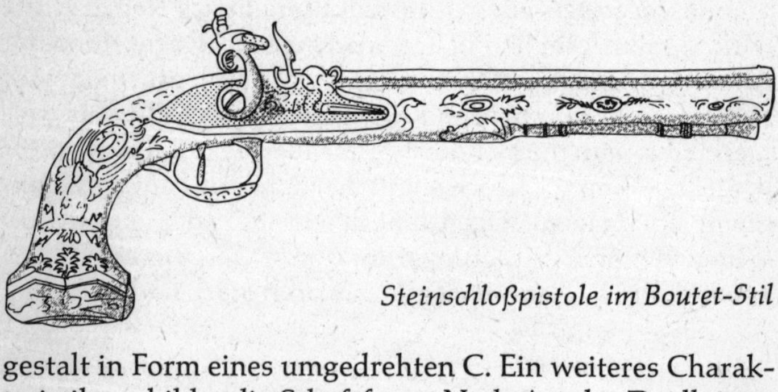

Steinschloßpistole im Boutet-Stil

gestalt in Form eines umgedrehten C. Ein weiteres Charakteristikum bildet die Schaftform. Nach Art der Duellpistolen steht das Griffstück in nahezu rechtem Winkel zum

Schaft. Die Schaftkappe hat keine Sporen und ist unverwinkelt am Griffstückabschluß angebracht. Häufig finden sich Fischhautverschneidungen. Der Lauf ist achteckig und gezogen.
Ein gewichtiger Konkurrent von *Boutet* ist *Le Page,* der ebenfalls ausgesprochene Luxuswaffen herstellte. Er ist, wie im Radschloßkapitel ausführlich dargestellt, bekannt als letzter Hersteller eines Paares dieser Waffe im Jahr 1829.

Duellpistolen

Das Stichwort ›Duellpistole‹ ist soeben gefallen, und wir wollen diesem Kapitel besondere Aufmerksamkeit widmen. Der Handel bietet immer wieder guterhaltene Exemplare dieses Typs an, aber mindestens ebenso häufig werden Pistolen als Duellwaffen angeboten, die wirklich nichts damit zu tun haben. Der Käufer erliegt allzu häufig und beinahe gern dem Nimbus der Duellpistole und das um so eher, je wahrscheinlicher eine ›Geschichte‹ an der Waffe hängt und je mehr die nüchterne Kenntnis von Voraussetzung und Ablauf des Zweikampfes verloren geht.
Eine Duellpistole war unter Umständen genauer, aber keineswegs tödlicher als jede andere Pistole. Das nach heutigem Begreifen Faszinierende dieser Waffe begründet sich vermutlich in ihrer Symbolfunktion für ritualisierten Tod. Nach Maß und Regel setzte sich der Kombattant einem Satisfaktionsmechanismus aus, der die Fluchtdistanz integrierte, die Flucht selbst jedoch, auch bei Gefahr für Leib und Leben, ausschloß. Der Ehrenkodex im 18. und 19. Jahrhundert zwang den Mann von Stand, sich den Imperativen einer stilisierten Quasijustiz zu beugen – man hatte für den Ehrenfall den Kasten mit dem Pistolenpaar im Hause zu haben. Nach heutigem Verständnis könnte man auf den makabren Vergleich vom eigenen Sarg im Keller kommen, aber die vergangenen Jahrhunderte mußten die Zusam-

menhänge anders sehen. Zwar neigen kodifizierte Ehrensachen, wie die meisten Regularien aus dieser Ecke der Menschenweisheit, zu ausufernden Übertreibungen, und zuzeiten hat denn auch der institutionalisierte Terror geherrscht. Aber Sozialzwang und Nachbarschaftskontrolle sind keine Erfindungen des 20. Jahrhunderts. Man muß sich einfach klarmachen, daß vor 150 oder 200 Jahren kein Offizierskorps der Welt einen Offizier in seinen Reihen geduldet hätte, der einer Duellaufforderung nicht nachgekommen wäre. Und drittens: das vorschriftsmäßige Pistolenduell, wie wir es seit etwa 1770 kennen, war ein außerordentlicher Schritt zur Fairneß. Bis zu diesem Zeitpunkt wurden Zweikämpfe zumeist mit blanker Waffe ausgetragen – mit voraussagbarem Ergebnis bei körperlich und altersmäßig ungleichen Gegnern. Die Pistole brachte größtmögliche Chancengleichheit. Versteckt zeigt sich hier bereits der ›equalizer‹ des Col. Colt.

Duellformen

Die bekannten Pistolenduelle des 17. Jahrhunderts wurden nahezu ausschließlich zu Pferde ausgetragen. Es gibt eine Reihe bildlicher Darstellungen dieser Kämpfe, und man kann z. B. auf dem im Züricher Museum hängenden Gemälde, das das Duell zweier Schweizer Offiziere im Jahre 1659 wiedergibt, recht gut erkennen, wie sich die Gegner vor dem Schuß bis auf Armlänge nähern. Die Literatur steuert mit dem 9. Kap. des dritten Buches aus Grimmelshausens ›Simplicissimus‹ ein besonders einprägsames Exempel für das nichtkodifizierte Duell bei.

Das Pistolenduell zu Fuß gewann ab 1700 zusehends an Bedeutung, und es war (entgegen weitverbreiteter Meinung) in den stehenden Heeren aller absolutistischen Staaten von vornherein und bei hoher Strafe an Leben und Eigentum verboten. Bald, vor allem in Frankreich, bildete sich jedoch ein stiller Consensus zwischen Jurisdiktion und Duellanten, wodurch die Strafe milde ausfiel und auf gar keinen Fall als ehrenrührig angesehen wurde. Festungshaft war keine persönliche Katastrophe, sie war lediglich höchst unangenehm. – In Frankreich war allerdings das Duell seit Napoleon straffrei, und die Anzahl der Zweikämpfe steigt noch gewaltig in der nachnapoleonischen Zeit bis 1848. Das gehobene Bürgertum war im 19. Jahrhundert voll satisfaktionsfähig, und wir wissen, daß allein die Redakteure der Pariser Zeitungen in nur vier Jahren immerhin 180 Duelle untereinander austrugen. – Und so kennen wir aus der Geschichte des Pistolenduells eine Reihe guter Namen und integrer Persönlichkeiten, die, oft genug aus nichtigem Anlaß und wegen fataler Sinnlosigkeiten, zu den Opfern zählen. Puschkin und Lassalle gehören dazu.

Feste Duellregeln – und damit auch Richtlinien über die Waffen – finden wir zuerst in England bzw. Irland im Jahre 1777, und im 19. Jahrhundert hieß das Standardwerk ›The Art of Duelling‹, das *Traveller* 1836 in London herausgab. In Frankreich verbreiteten sich in den vierziger Jahren des 19. Jahrhunderts die Duellregeln von *Chateauvillard* mit dem Titel ›Essai sur le duel‹, und dieser Kodex wurde mit entsprechenden Variationen praktisch in alle europäischen Länder übernommen. In den USA galten für die alten Kolonien der Ostküste die englischen Regeln, im Westen hingegen wurden Duelle nach Belieben und unter Verwendung jeder gewünschten Waffe ausgetragen.

Die Form des Duells ergab sich aus der Schwere der Beleidigung. Gebräuchlich waren etwa zehn verschiedene Arten dieses Zweikampfes, wobei wohl am häufigsten das Duell mit festem Standort vorkam. Sehr oft wurde das Duell aber auch auf parallelen Linien oder mit Vorrücken bzw. unterbrochenem Vorrücken ausgetragen. Bei einer einfachen Beleidigung durfte der Beleidigte die Waffen wählen – auf dieser Stufe wurde allerdings durch Entschuldigung das Duell häufig vermieden. Bei der schweren Beleidigung, also etwa der üblen Nachrede und der Unterstellung, wählte der Beleidigte die Waffe und bestimmte die Form des Duells. Bei der schwersten Form der Beleidigung, dem tätlichen Angriff, legte der Beleidigte Waffe, Duellform und Entfernung fest. Normalerweise wurden die Waffen bereits geladen und in versiegeltem Kasten zum Kampfplatz gebracht, wo die Sekundanten den festgelegten Kampfablauf überwachten.

Merkmale der Duellpistole

Die bestimmenden Eigenschaften der Duellpistole kamen erst in der zweiten Hälfte des 18. Jahrhunderts auf, denn mit steigender Nachfrage entwickelten die Büchsenmacher allmählich die zweckdienliche Form. Auffallend ist von Beginn an der nahezu ausschließliche Verzicht auf jegliches aufwendige Schmuckelement an Lauf, Schloß und Schaft. Häufig findet sich die Meinung, daß diese Schlichtheit der Absicht entsprungen sei, die Waffe bei Gebrauch im Sonnenlicht spiegelungsfrei zu halten. Diese Auffassung mag zutreffen, wenn man davon ausgeht, daß dem Gegner dadurch womöglich ein willkommener Haltepunkt genommen wurde – schließlich schlug man ja auch die Mantelkragen hoch, um die leuchtenden Hemdkragen zu verbergen. Geht man aber vom Schützen aus, der durch Intarsien, Tauschierungen etc. beim Zielen hätte behindert sein können, so ist dem entgegenzuhalten, daß eine Reihe von Duellpistolen ausgerechnet auf Schwanzblatt und Lauf Goldeinlagen aufweist und daß es bei der Mehrzahl der Zweikämpfe als ausgesprochen geschmacklos galt, lange und genau zu zielen. Eine Beantwortung dieser Frage scheint mit dieser Alternative also nicht ohne weiteres zu gelingen. Womöglich erklärt sich aber der Minimaldekor mit der Geschmackssicherheit der Büchsenmacher, die gerade bei dieser Waffe ein Gefühl für das Angemessene entwickelten.

Für eine kurze Übergangszeit war der Lauf der Duellpistole ebenso lang wie der der Reiterpistole, also etwa 25 cm. *John Twigg* entwickelte jedoch bald (etwa um 1780) den kürzeren, schweren, achteckigen Lauf, wie er auch später von *Durs Egg, Robert Wogdon* und *Joe Manton* verwendet wurde. Im 18. Jahrhundert waren die Läufe normalerweise nicht gezogen, denn erstens galten die Trefferbilder eines glatten, aber sorgfältig polierten Laufes auf die Normaldistanz von 20 Metern als sehr befriedigend, und zweitens wurden gezogene Läufe ohnehin aus ethischen Gründen abgelehnt. Unter diesen Umständen mußte die Verwendung des sogenannten ›secret rifling‹ als ausgesprochen unfair gelten, denn die im Lauf angebrachten Haarzüge waren kaum sichtbar und konnten ebensogut für Schrammen gehalten werden (›scratch rifling‹), und sie endeten außerdem zwei bis drei Zentimeter vor der Mündung, so daß eine hier vorgenommene genauere Prüfung ergebnislos ausgehen mußte. Aus der Werkstatt ausgerechnet der hochangesehenen Brüder *Manton* sind einige solcher Pistolen hervorgegangen. Man hat vermutet, daß der schwere, achteckige Lauf dem Schützen eine psychologische Hilfe bieten sollte – konnten sich doch leicht Assoziationen zum zuverlässigen Büchsenlauf einstellen. Das mag ein Nebeneffekt gewesen sein. Beabsichtigt war, mit einer eher kopflastigen Waffe die Hochschüsse zu vermeiden, die bei einer ›normalen‹ Pistole zufolge der Duellpraxis, von unten ins Ziel zu gehen, allzu häufig auftraten. Dem ungeübten Duellanten wurde denn auch immer empfohlen, gewissermaßen spiegelaufsitzend auf die Hüfte abzukommen.
Auch die Schaftform der Duellpistole war ausgesprochen funktional, und sie beeinflußte bald die Form anderer Pistolenarten. Wir haben schon darauf hingewiesen, daß genaues Zielen beim Duell weder üblich noch erwünscht war. Gemäß der alten Büchsenmacherweisheit, wonach der Lauf schießt, der Schaft aber trifft, wurde ein Griff entwickelt, der bei gestrecktem Handgelenk die Pistole gewissermaßen

automatisch ins Ziel brachte. Das geschah vor allem durch eine sehr viel stärkere Schaftkrümmung. Auf sperrige Kolbenkappen wird verzichtet, und die Fischhautverschneidung wird mehr und mehr üblich.

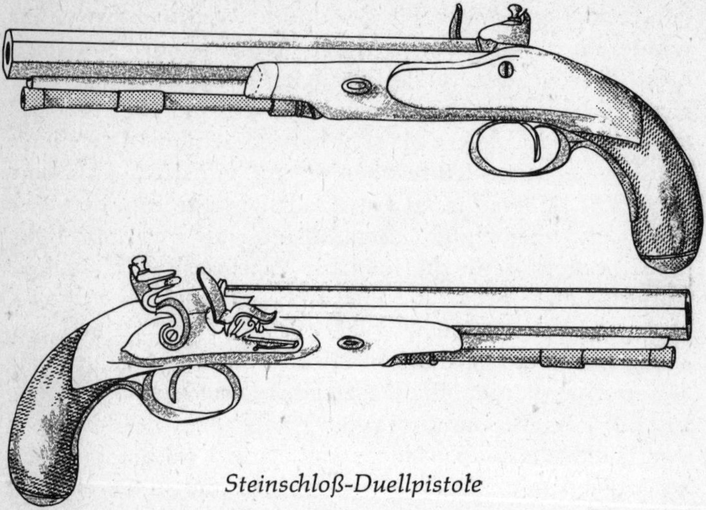

Steinschloß-Duellpistole

Oft wird schon der Halbschaft verwendet, wie er bei den späteren Perkussionsmodellen beinahe ausschließlich vorkam. Die Schloßgegenplatten entfallen zumeist, und nur Schloßschrauben und Unterlegscheiben sind vorhanden. Das Schloß selbst ist außerordentlich sorgfältig gearbeitet, und in der Regel enthält es all die (bereits erwähnten) Verbesserungen, die für den Steinschloßmechanismus üblich geworden waren. Oft waren Zündloch und Zündpfanne gold- oder platinverkleidet, um jeder Korrosionsgefahr vorzubeugen. Hingegen besaßen keineswegs alle Duellpistolen einen Stecher – jenen Abzugsmechanismus also, der die Entriegelung auf leiseste Berührung hin besorgte. Es ist eine Reihe von Duellen bekannt, bei denen diese Konstruktion zu regelwidrigen Zwischenfällen geführt hat.

Um 1810 wurde in England die Duellwaffe mit Sägegriff besonders populär.

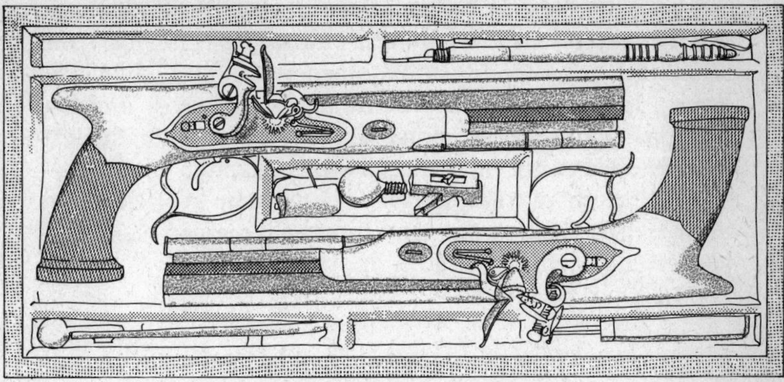

Garnitur der Sägegriff-Duellpistole

Auch sie wurde, wie übrigens alle Duellpistolen, mit Kasten geliefert. Zu der Garnitur gehörten alle benötigten Geräte und Werkzeuge, wie z. B. Pulverflasche, Gießzange, Krätzer usw. Bisweilen findet sich auch Material zur Ersten Hilfe. Leider wird der Pistolenkasten manchmal als Kriterium der Duellwaffe angesehen. Dazu ist zu sagen, daß alle teuren (und nur solche) Pistolenpaare in Kästen geliefert wurden – allerdings erst seit etwa 1800.
Duellpistolen der geschilderten Art (mit Ausnahme der Sägegriffpistole) wurden praktisch in allen europäischen Ländern verwendet. Auch in den USA wurden ab 1820 Duellpistolen nach europäischem (besonders englischem) Vorbild hergestellt. Da fast alle Länder strikte Duellverbote kannten, gibt es eine Reihe hervorragender, aber unsignierter Waffen. Die Büchsenmacher befürchteten, in Konflikt mit dem Gesetz zu kommen. Eine ähnliche Erscheinung findet sich übrigens bei den frühen Kentucky-Pistolen. Solange die Engländer im Lande waren, mußte der Büchsenmacher aus Pennsylvania Repressalien fürchten, wenn seine Waffen bei amerikanischen Offizieren gefun-

den wurden. – Mitunter wird versucht, von den gemeinsamen Eigenschaften der Duellpistole auf einen Standardtyp zu schließen. Alles in allem dürfte dieser Versuch problematisch sein. Es gibt zwar bestimmte Tendenzen zur Einheitlichkeit, wie etwa die starre Visierung, die Festlegung (gegen 1780) auf ein Kaliber, das bei 13 mm lag und das 30–40 Jahre später auf etwa 10 mm reduziert wurde, aber damit sind die Gemeinsamkeiten bereits erschöpft. Auch die Lauflängen der meisten Waffen lagen zwar zwischen 20 und 27 cm – innerhalb dieses Spielraums variierten sie jedoch beträchtlich.

Funktionsänderung der Duellpistole

Auf die Mittes des 19. Jahrhunderts zu (wir erlauben uns hier einen Vorgriff auf die Perkussionsmodelle) wurden auch Reise- und Offizierspistolen mit schwerem, achteckigem Lauf und Halbschaft ausgestattet. Die Duellpistole nimmt jetzt jene Form an, die gemeinhin, aber zu Unrecht, als die klassische angesehen wird. Wir haben lediglich die letztgültige Standardform vor uns, die obendrein (notwendigerweise) relativ häufig im Handel erscheint. Zur Garnitur gehört jetzt auch oft das gleichkalibrige Paar Taschenpistolen.

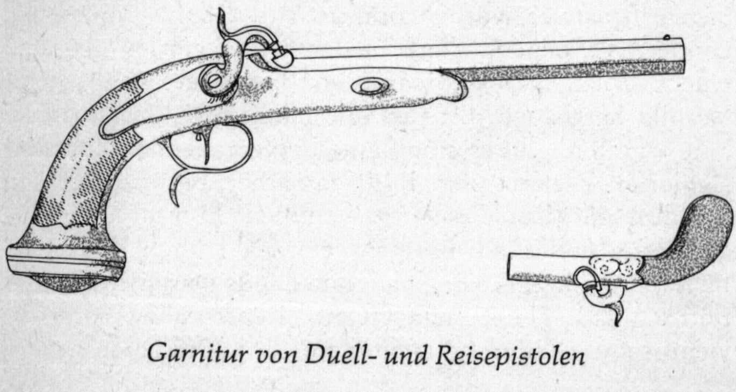

Garnitur von Duell- und Reisepistolen

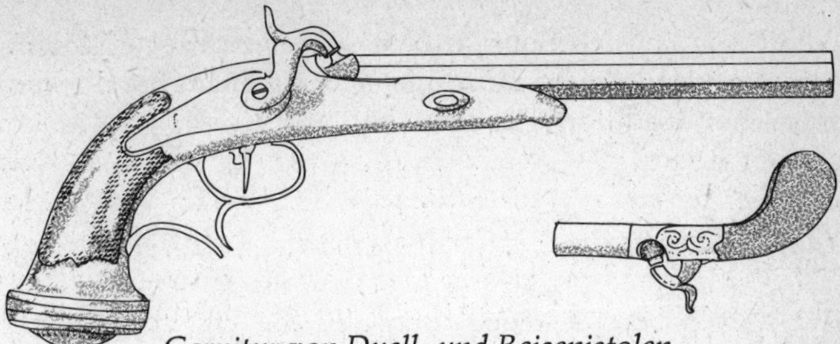

Garnitur von Duell- und Reisepistolen

In dieser Art werden verhältnismäßig teure Replikas gefertigt. Da die Schloßinnenverarbeitung (Gußteile!) mitunter zu wünschen übrig läßt, sollte auch der Replikasammler achtgeben.

Im letzten Viertel des 19. Jahrhunderts, als in den meisten europäischen Staaten radikal gegen das Duell vorgegangen wurde und z. B. in der englischen Armee für den Duellanten neben die Strafe auch die unehrenhafte Entlassung trat, wurde die Duellpistole gewissermaßen umfunktioniert und zur Scheibenwaffe gemacht. Zwar war mit Duellwaffen schon immer (vermutlich sogar vorwiegend) zu Trainingszwecken auf Scheiben geschossen worden, aber jetzt wurde eine Waffe geschaffen, die bei unverändertem Äußeren, jedoch sehr viel kleinerem Kaliber, von vornherein als Sportpistole konzipiert war und anfangs ›Salonpistole‹ hieß. In Deutschland wurden die meisten dieser Waffen hergestellt.

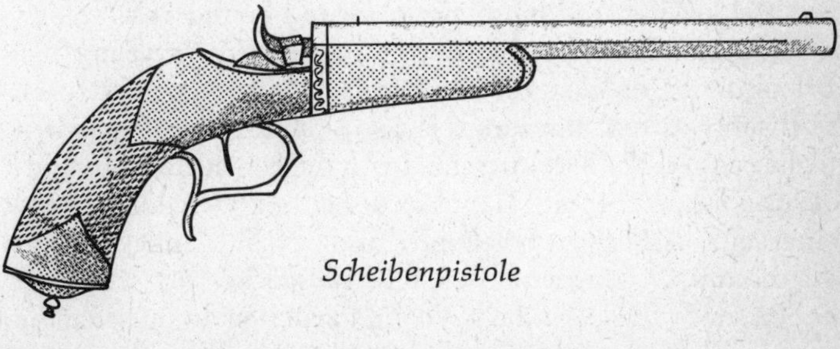

Scheibenpistole

Wenn der heutige Sportschütze seine Duellserie schießt, wird er sich vielleicht nicht immer darüber im klaren sein, in welcher Tradition er steht.

Deutsche Steinschloßpistolen im 18. Jahrhundert

Wir hatten bereits angedeutet, daß die Duellpistole seit dem ausgehenden 18. Jahrhundert die Schaftform anderer Pistolenarten positiv beeinflußt hat. Bei den Gebrauchswaffen war ohnehin eine Tendenz zur Standardisierung und zum Funktionalismus festzustellen. So wurde etwa die lange Reiterpistole zugunsten einer sehr viel kürzeren Waffe aufgegeben. Pistolen für Berittene erhielten in England einen mit Drehgelenk versehenen Ladestock – der Ladestock konnte, so geschützt, nicht verlorengehen –, während in Preußen der Ladestock jetzt separat am Bandelier getragen wurde.

Deutschland stand ganz unter dem Einfluß der französischen Büchsenmacherei und machte getreulich alle Stilbewegungen mit fünf- bis zehnjähriger Verspätung mit. Selbst bei hervorragenden Leistungen war es nicht unüblich, mit französisierten Namen zu signieren. *Armand Bongarde,* d. h. also *Hermann Bungert,* aus Düsseldorf ist geradezu ein Schulfall. Seine Arbeiten standen in nichts den Leistungen der besten Pariser Werkstätten nach. Er stellte – völlig ungewöhnlich – auch Pistolen mit florentinischem Steinschloß her und hätte sicher Grund genug gehabt, seinen guten Namen nicht zu verändern. Zu Ausgang des 17. und Beginn des 18. Jahrhunderts war den deutschen Büchsenmachern allerdings (wie ja auch ihren englischen Kollegen) starke Konkurrenz durch die beachtliche Zuwanderung hugenottischer Handwerker entstanden. Das wirkte einerseits sicherlich belebend, andererseits mag es den durchschnittlichen deutschen Büchsenmacher oft frustriert haben, nach französischem Vorbild arbeiten zu müssen, die

französische Konkurrenz in der eigenen Stadt zu haben und mit ansehen zu müssen, daß Luxusstücke ohnehin in Paris geordert wurden. Dennoch hat Deutschland im 18. Jahrhundert eine Reihe ganz hervorragender Namen aufzuweisen. In Berlin arbeiteten *Demrath, von der Fecht* und *Fromery*, in Gotha, später in Hannover, die Familie *Tanner* und in Dresden die Familie *Erttel*. In Suhl, das seit dem 16. Jahrhundert eher als Produktionszentrum hervorragender Halbfertigwaren berühmt war, wirkte die Büchsenmacherdynastie *Spangenberg*, und dort arbeiteten auch die Schaft- und Eisenschneider der Familie *Stockmarr*. In Regensburg befand sich seit dem frühen 17. Jahrhundert die Werkstatt der Familie *Kuchenreuter*. An die zwanzig Meisternamen dieser Familie sind bekannt. Die Kuchenreuter-Pistolen sind berühmt wegen der Qualität ihrer Läufe, die vom späten 18. Jahrhundert an gezogen sind. Die Werkstatt lieferte auch zu allen Zeiten Einzelläufe, die in jedem Fall sorgfältig signiert waren. Die Schaftform der Pistolen folgte in der zweiten Hälfte des 18. Jahrhunderts der bereits erwähnten, von England ausgehenden Tendenz zur Schlichtheit. Die Kuchenreuter-Werkstatt hatte nach 1800 eine ausgesprochene Hochkonjunktur und lieferte eine Vielzahl von Kastengarnituren. Der Name dieser Büchsenmacherfamilie hatte Bedeutung über die Landesgrenzen hinaus, ein Sachverhalt, der vom Antiquitätenhandel entsprechend gewürdigt wird. Als spezielle Kennzeichen der Kuchenreuter-Pistole können die tauschierte Signatur auf der Laufschiene gelten sowie auch die Meistermarke, der nach links galoppierende, säbelschwingende Reiter.
Die stilistische Abhängigkeit Deutschlands blieb auch im weiteren 18. Jahrhundert erhalten. Gegen 1760 trennt man sich von den flachen Formen des Berain-Stils. Gleichzeitig, da nur diesem Stil verbunden, treten die ihrem Ursprung nach aus Holland und Belgien stammenden Schloßbleche aus Messing völlig zurück. Von diesem Zeitpunkt an werden die Schloßsignaturen auf der Mitte des Schloßbleches

angebracht, wohingegen sie vorher ein etwas kleinlautes Dasein hinter dem Hahnkörper oder auf dem Zündpfannenkragen geführt haben. Nach 1800 setzt sich dann der Stil von *Boutet* durch, und zwar zunächst und vorwiegend (wegen der politischen Verbindungen) im süddeutschen Raum.

Technische Neuerungen

Unabhängig vom stilistischen Auf und Ab und unabhängig auch von schloßtechnischen Einzelverbesserungen bei sonst gleichbleibender Grundkonstruktion im gesamten 18. Jahrhundert finden einige übergreifende waffentechnische Veränderungen statt, die sich am Rande auch auf die Entwicklung der Pistole auswirkten. – Da wäre zum einen das allmähliche Vordringen des Damastlaufes zu nennen, wie er aus Beutematerial der Türkenkriege bekannt war und über Österreich und Deutschland im 18. Jahrhundert die Eigenproduktion in Europa in Gang kommen ließ. Im einfachsten Herstellungsverfahren wird der glühend gemachte Normallauf um seine Längsachse verdreht, und es entsteht der ›gewundene Lauf‹. Die englischen Büchsenmacher schlossen eine Säurebehandlung an, so daß die Materialstruktur am ›twisted barrel‹ sichtbar blieb. Die französischen Kollegen brünierten den Lauf, kennzeichneten ihn dann aber als ›canon tordu‹. Die eigentliche Damaszierung erfolgte durch Verschweißen weicher und harter Eisenteile, die zu Stangen ausgeformt, verdrillt und wieder verschweißt wurden. Aus diesem Teil wurde dann der Lauf über den Dorn oder über eine Hohlform bandgeschmiedet. Bei Damastläufen beließ man normalerweise die Materialstruktur sichtbar. Sie waren wegen ihrer Härte und Elastizität bald so gefragt, daß eine Vielzahl von Läufen gefälscht wurde. Die typischen Damastmuster wurden dabei aufgeätzt oder sogar mit Farblacken aufgetragen. Der erste deutsche Damastlauf ist von dem Büchsenmacher *Tanner* in Gotha bezeugt.

Wenn der Damastlauf wegen hoher Fertigungskosten zu den Verbesserungen im Bereich der Luxus- und Offizierswaffen zu rechnen ist, so ist eine weitere, auch für die Pistole angewendete Erfindung in vollem Umfang im Bereich der Gebrauchs- und Militärwaffen nutzbar gemacht worden. Gemeint ist die Einführung des konischen Zündlochs, das schon 1704 von *Gottfried Hantzsch* in Nürnberg (ausdrücklich für den Gebrauch an Pistolen) erdacht worden war und offiziell im Jahr 1760 bei den Büchsen der Hannoverschen Jäger eingeführt wurde. Genau zehn Jahre später führte *Friedrich II.* das konische Zündloch par ordre in der preußischen Armee ein. Die eigentliche Konstruktionsidee war vergleichsweise einfach: die Kammerschwanzschraube wurde zum Zündloch hin abgeschrägt und das Zündloch selbst nicht mehr zylindrisch, sondern trichterförmig gestaltet. Für den Ladevorgang bedeutete dies, daß ein Teil des in den Lauf geschütteten Pulvers auf die Zündpfanne rieselte, diese also nicht noch zusätzlich mit Zündkraut beschickt zu werden brauchte, sondern lediglich geschlossen sein mußte. Ganz ohne Komplikationen lief die Einführung dieser Neuerung nicht ab, aber für unseren Zusammenhang soll der Hinweis für die Anwendung auch bei Pistolen genügen.

Die Steinschloßpistole in Preußen

In den allgemeinen Überblick über den Werdegang der Steinschloßpistole soll jetzt eine weitere Detaildarstellung der preußischen Kavalleriepistole eingebettet werden. Es ist dies ein recht heikles Gebiet, und der Preußensammler weiß, welch Schindluder mit den sogenannten Abänderungsmodellen getrieben wird. Auch für den seriösen Handel ist der Weg der Tugend nicht immer leicht zu finden, denn tatsächlich herrschte ja während des Siebenjährigen Krieges und nach dem Frieden von Tilsit eine horrende Waffenknappheit, die z. T. eben auch von der ›Produktion‹

der Instandsetzungs-Einheiten mitbehoben werden sollte. Da wurden teilzerstörte, veraltete oder armeefremde Waffen mit häufig modellungleichen Ersatzteilen wieder funktionsfähig gemacht, und es ist unter diesen Umständen nicht immer einfach, dem modernen Falsifikat auf die Spur zu kommen. Die ›eigentlichen‹ Änderungsmodelle, die erlaubten oder befohlenen Änderungen der offiziellen Modelle, sind für die Klassifizierung des ersten Blickes ebenfalls nicht gerade förderlich, und es ist daher zweckmäßig, sich zumindest die Grundmodelle genau einzuprägen.

Zuvor noch einige Bemerkungen zu Treffsicherheit und taktischem Nutzen dieser Waffen. Nach allem, was wir wissen, scheint es um die erstgenannte Eigenschaft schlecht bestellt gewesen zu sein. *Thierbach* überliefert eine Redensart, wonach, von einer Pistolenkugel getroffen zu werden, als Unglück galt, das einem schon in die Wiege gelegt war. Wie schon bei *Wallhausen* mögen Pistolen für den Individualgebrauch »auff die eylende Not« eingesetzt worden sein – ihr größerer Nutzen lag jedoch zweifellos im taktischen Gebrauch. Denn noch immer gehörte es zu den Aufgaben der Kavallerie, nach Art der alten Karakol-Technik die Karrees der Infanterie zu stören und (im günstigsten Fall) eine unzeitige Salve zu provozieren. In der Zeit des Nachladens konnte eine Reiterattacke dann womöglich das Feuer unterlaufen – die Pistole im Einsatz gegen Massenziele war insofern tatsächlich von taktischem Nutzen. Spätestens jedoch seit der Schlacht von Mollwitz (1741), die die preußische Reiterei schon auf der Flucht sah und erst durch das verheerend exakte Pelotonfeuer der Grenadiere entscheidend gewendet wurde, spätestens also seit diesem Zeitpunkt wurde die bisherige Form des Kavallerieangriffs und damit auch die Verwendung der Pistole von der obersten Heeresleitung kritischer angesehen. Knapp ein Jahr später ergeht der königliche Befehl: »Die Kommandeurs der Eskadrons sollen dafür responsabel sein,

daß kein Reiter oder Dragoner während der Bataille weder Karabiner noch die Pistole gebraucht, sondern daß solche nur allein mit dem Degen in der Faust agieren.« Und: »Dieweilen aber überhaupt aus allen dem Husaren-Schießen nichts wird, so müssen die Regimenter den Feind, wofern er schwächer ist, wohl geschlossen mit dem Säbel in der Faust attaquieren und vor sich wegjagen« (Zitat nach Eckardt-Morawietz). Trotz alledem gehörte die Pistole – in immer wieder verbesserten Modellen – zur ständigen Armeebewaffnung, und ihr Verwendungszweck war ausgedehnt bis hin zum Verschießen von Brandsätzen.
Aus der Regierungszeit Friedrich Wilhelms I. kennen wir die Pistole M/1731, wobei M für ›Modell‹ steht. Die Waffe wurde also offiziell (M) 1731 bei der Truppe eingeführt.

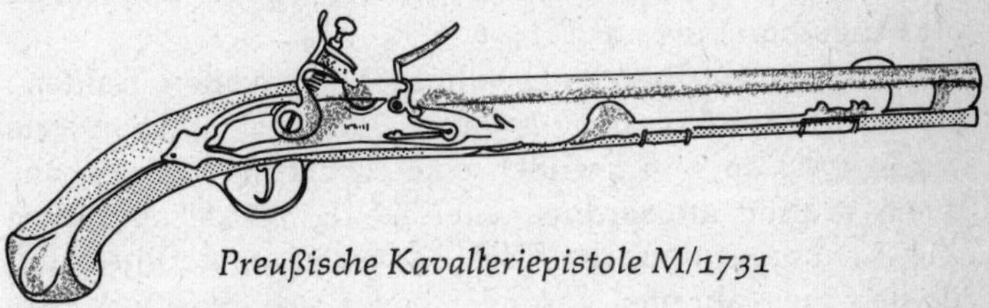

Preußische Kavalleriepistole M/1731

Sie ist 57 cm lang und hatte ursprünglich das Kaliber 16 mm. Heutige Messungen bringen oft Werte bis zu 18 mm, was sich durch die Einwirkung von Rost und Reinigung erklärt. Allzu genaue Meßdaten zwischen diesen beiden Werten sind also ziemlich sinnlos. Das Schloßblech der Waffe ist flach. Zündpfanne und Batterie sind eckig ausgeformt. Das Seitenblech, die sogenannte Schlange, ist mit drei Schrauben (zwei Schloßschrauben, eine Holzschraube) schaftaufgesetzt befestigt. Die Kolbenkappe ist rund, die Sporen ziehen sich über das ganze Griffstück. Die Waffe hat einen hölzernen Ladestock. Der Lauf ist stiftbefestigt. Entsprechend den Regierungszeiten zeigt das Daumenblech vor 1740 die Initialen FWR, danach FR.

Neben die M/1731 wurde dann die bekanntere, weil in viel größeren Stückzahlen an die Truppe ausgegebene M/1742 gestellt.

Preußische Kavalleriepistole M/1742

Sie gleicht fast völlig der M/1731. Lediglich die Schlange ist holzeingelassen befestigt und die Kolbenkappe weist neben dem viereckigen Schaftnagelkopf eine Halteschraube mit Fangschnurring auf.
Entsprechend der bereits erwähnten allgemeinen Tendenz zur Pistolenverkürzung gegen Ende des Jahrhunderts wurde 1787 auch in Preußen eine Aptierung der vorhandenen Waffen angeordnet. Gleichzeitig wurde aber auch eine Neukonzeption, die Pistole M/1787, eingeführt, und für den unerfahrenen Sammler bietet sich ein etwas verwirrendes Bild. Die Aptierung der Altbestände betraf in erster Linie die Lauflänge – hier wurde eine Verkürzung um 10 cm vorgenommen. Des weiteren wurde das bereits erwähnte konische Zündloch eingeführt, und der von jetzt an eiserne Ladestock sollte am Bandelier getragen werden. Ladestockröhrchen usw. wurden an alten Waffen also zumeist entfernt, aber im übrigen behielten sie natürlich ihre kennzeichnenden Merkmale und geben somit die Kriterien zur Unterscheidung von der M/1787.

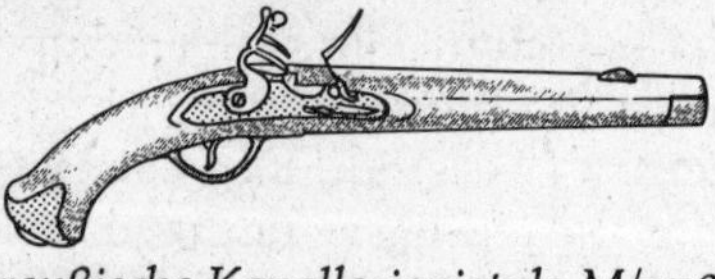

Preußische Kavalleriepistole M/1787

Die M/1787 weist (dies sind zusätzliche Merkmale) weder Ladestock noch Ladestocknut auf. Griff und Kolbenkappe bekommen ein seitlich flach gepreßtes Aussehen, die Sporen und das Daumenblech fallen weg, das Seitenblech wird nur noch von zwei Schrauben gehalten. Gegenüber der M/1742 verringert sich das Gewicht von 1,9 kg auf 1,5 kg, das Gewicht der Papierpatrone bleibt mit 32 g das gleiche.

Um der Systematik willen sei noch auf zwei Folgemodelle hingewiesen. Die Pistole M/1810 ist bei gleichem Kaliber auf 41 cm Gesamtlänge gekürzt. Das wichtigste Merkmal des ersten Blicks stellt der (nach französischem Muster) herzförmig durchbrochene Hahn dar. Das Seitenblech verliert die rückwärtige rudimentäre Verlängerung, die noch bei der M/1742 für die Blechhalteschraube nötig war (jedoch nicht mehr bei der M/1787). Die Waffe hat keine Ladestockhalterung. Der Lauf ist stiftbefestigt und hat erstmalig einen geschlossenen Vorderbund. Die folgende M/1824 hat ein sehr viel stärker gekrümmtes Griffstück, die Griffstückkappe zeigt keine Sporenansätze mehr, weist aber einen zentral angebrachten Fangschnurring auf. Der Lauf ist mittels geschlossenem Vorderbund befestigt. Da bereits 1826 in der preußischen Armee die Versuche mit Perkussionszündung begannen, ist die Mehrzahl der M/1824 bald auf das neue Zündsystem umgestellt worden.

Da Stempelformen, Daumenbleche oder Regimentsangaben zur Datierung nicht immer ausreichen, lassen sich aus den Manufakturzeichen wichtige Hilfen ableiten. Die Manufaktur Potsdam stempelte in folgender chronologischen Reihenfolge »S. u. D. Potzdam Magaz.« (Splittgerber & Daum, 1722–1774), »D. S. E. Potzdam Magaz.« (David Splittgerbers Erben, 1775–1795), »G. S. Potsdam Magaz.« (Gebr. Schickler, 1796–1851).

Europäische Armeepistolen

Im folgenden sollen noch einige unsystematische Kurzvorstellungen von zeitparallelen Armeepistolen folgen, die für den Sammler interessant und normalerweise auch erreichbar sind.

Britische Kavalleriepistole ›New Land Pattern‹

›Britische Kavallerie-Ordonnanzpistole‹ vom Typ ›New Land Pattern‹, Messinggarnitur, Gelenkladestock. Flaches Schloßblech, durchbrochener Hahn. Auf dem Lauf gekreuztes Zepter, auf Lauf und Schloß häufig voneinander abweichende Regenteninitialen mit Krone. Modell mit Schiebesicherung 1810 eingeführt. Gesamtlänge 38,5 cm, Lauflänge 22,3 cm, Kaliber ca. 17 mm.

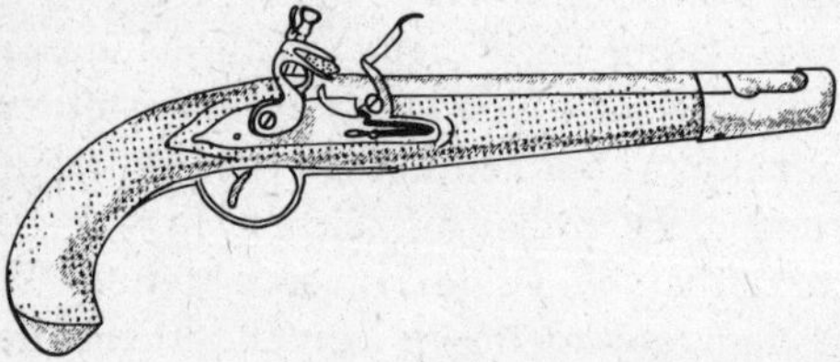

Österreichische Kavalleriepistole M/1798

›Österreichische Kavalleriepistole M/1798‹. Flaches Schloßblech, durchbrochener Hahn. Messinggarnitur, geschlossener Vorderbund mit Korn. Kein Ladestock. Auf dem Lauf Doppeladler und Jahr. Gesamtlänge ca. 43 cm, Kaliber ca. 18 mm.

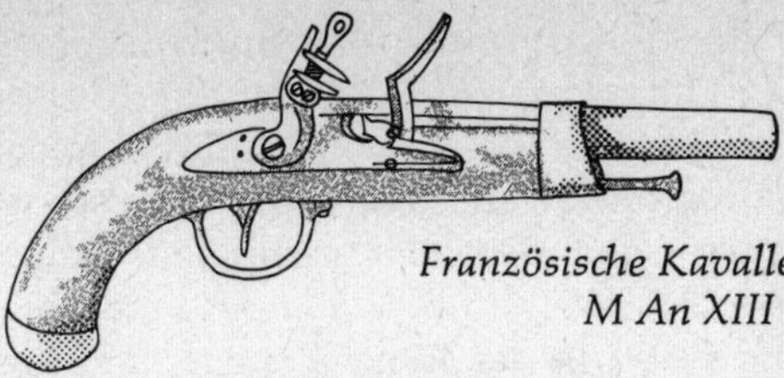

Französische Kavalleriepistole
M An XIII (1804/05)

›Französische Kavalleriepistole, Modell An XIII‹ (1804/05). Messinggarnitur, eiserner Ladestock. Gesamtlänge 43 cm, Lauflänge 21 cm, Kaliber 17 mm.

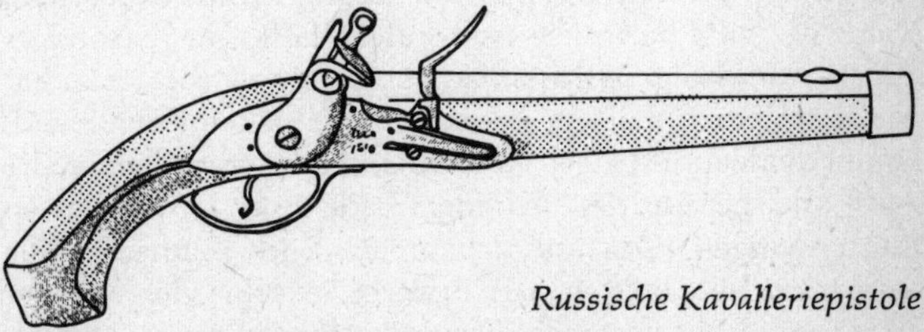

Russische Kavalleriepistole

›Russische Kavalleriepistole‹, Manufaktur Tula (1810), Garnitur Messing, geschlossener Vorderbund, kein Ladestock, herzförmig durchbrochener Hahn, Daumenblech. Gesamtlänge 41,5 cm, Kaliber 18 mm.

Britische Ordonnanzpistole E.I.C.

›Britische Ordonnanzpistole der Ostindien-Kompanie‹. Durchbrochener Hahn, Messinggarnitur, Kolbenplatte mit Fangschnurring, Scharnierladestock. Lauflänge 23 cm, Kaliber 15,5 mm. Auf dem Schloßblech aufrecht stehender Löwe als Symbol der E. I. C.

Von der Begrenzung des Sammelgebietes

Eine Aufzählung der Steinschloß-Militärpistolen ließe sich noch lange fortsetzen, und man wird sehr schnell herausfinden, daß es sehr viel mehr verbindende als trennende Merkmale gibt. Wirkliche Verbesserungen wurden bei Freund und Feind in der Regel kopiert, und die Zahl der Modelländerungen und Aptierungen vervielfacht die Möglichkeiten und Wünsche eines jeden Sammlers. Spätestens bei dieser Erkenntnis wird sich auch die Notwendigkeit von Einschränkung und Spezialisierung kenntlich machen. Natürlich gilt, daß man jede gute Waffe, die besonders günstig angeboten wird, zunächst einmal erwirbt – man hat damit in jedem Fall ein gutes Tauschobjekt in der Hand. Findet der Handel jedoch zu Normalkonditionen statt, sollte auch und gerade der Anfänger sich zum kontrollierten Kauf zwingen. Das auf den ersten Blick eindrucksvolle Sammelsurium läßt dessen Besitzer in sehr viel weniger günstigem Licht dastehen. Denn was für Philatelie, Numismatik usw. selbstverständlich ist, das gilt ohne Einschränkung auch für das Waffensammeln: erst die versuchte oder gelungene Komplettierung macht den Reiz und – last not least – auch den Wert aus. Die ererbte oder eher zufällig entstandene, aber dennoch liebevoll betreute Sammlung sollte allerdings unter weniger puristischen Gesichtspunkten angesehen werden.

Der Sammler von Steinschloßpistolen hat all die (und weit mehr) Spezialisierungsmöglichkeiten, die im vorher Gesagten schwerpunktartig schon umrissen worden sind. Schnapphahn und Varianten, Miquelets, schottische Pistolen, ›Turn-off‹-Pistolen, Duellwaffen usw. Bei den Militärwaffen kann, in sehr grober Einteilung, nach Ländern (›Preußen‹) gesammelt werden oder nach Waffengattungen (›Marine‹) oder nach Modellen (›M‹) und deren Umänderungen (›U/M‹) und den erlaubten oder befohlenen Aptierungen.

Es ist dies ein weites Feld, das man mit Spürsinn, Ausdauer und viel Spaß an der Sache angehen sollte. In regionalen Sammlervereinigungen wird der Anfänger manch wertvollen Tip erhalten, aber auch der Beitritt in überregionale Vereine ist schon um der Sache willen zu empfehlen. Sinnvoll wäre natürlich auch der allmähliche Aufbau einer kleinen Handbibliothek, und unerläßlich ist die regelmäßige Lektüre eines Fachblattes. Im ›Deutschen Waffen-Journal‹ etwa wird an den Sammler eine Fülle von Information herangetragen, und der breit angelegte Inseratenteil bietet eine Vielfalt von Kauf- und Tauschgelegenheiten. Über Preise sollte man sich häufig und vielerorts informieren. Hier empfiehlt es sich u. a. den neuesten ›Chapel‹ zu studieren und Auktions- und Katalogpreise zu verfolgen. Wer den Postversand scheut und mit den Zustandsbeschreibungen nichts anfangen kann, der muß jede Gelegenheit (sei es während der Urlaubs- oder der Dienstreise) benützen, um den kleinen und großen Waffenkammern, Zeughäusern, Arsenalen usw. seinen Besuch abzustatten.

Revolver im 19. Jahrhundert

In getreuer Relation zum naturwissenschaftlich-technischen Fortschritt des 19. Jahrhunderts nimmt die Waffenentwicklung einen geradezu atemberaubenden Verlauf. Das rauchlose Pulver, die Metallpatrone, Hinterlader-, Repetier- und Selbstlademechanismen kommen auf und werden mit graduellen Änderungen bis zum heutigen Tag verwendet. Zu Beginn des 19. Jahrhunderts jedoch wird eine Erfindung gemacht, die den krönenden Abschluß des Vorderladerprinzips darstellt und gleichzeitig wegbereitend für die kommenden Zündverfahren wirkt: die Perkussionszündung.

Das Perkussionsschloß

Der Funke wurde nicht länger mittels Stahl und Stein, sondern auf chemischem Wege erzeugt. Im Prinzip lag hier nichts Neues vor, denn schon seit dem 17. Jahrhundert war einschlägig experimentiert worden. Man hatte herausgefunden, daß bestimmte Salze, die aus säureaufgelösten Metallen gewonnen werden, durch Schlagwirkung (Perkussion) explodierten. Der Franzose *Berthollet* fand das Knallsilber, der Engländer *Howard* das Knallquecksilber, beide jedoch (und eine Reihe weiterer Experimentatoren) machten den Fehler, die knallsauren Salze als Treibmittel anzusehen, sie erkannten also noch nicht den eigentlichen Charakter der Chemikalie: Initialsprengstoff. Es war der schottische Geistliche *Alexander Forsyth* (1768–1843), der eben diese Eigenschaft nutzbar machte, indem er eine jeweils geringe Menge dieser Substanz zur Zündung brachte und den Feuerstrahl in die Kammer leitete. Er ging dabei von der Grundmechanik des Steinschlosses aus (die übrigens für die gesamte Gebrauchszeit des Perkussionsschlosses im Prinzip erhalten blieb), entfernte Pfanne und Batterie und schraubte in das erweiterte Zündloch ein flakonförmiges Magazin. Der Sammler spricht denn auch vom ›Flakonschloß‹ bzw. vom ›scent-bottle-lock‹.

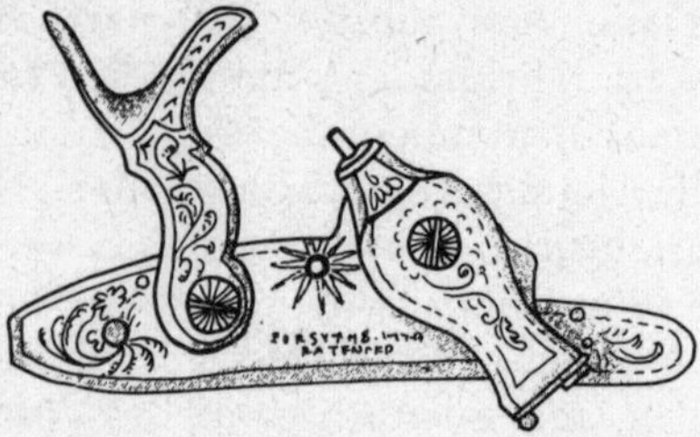

Perkussionsschloß, Typ Forsyth

Dieses Magazin ist schwenkbar und füllt, wenn auf den Kopf gestellt, eine Einkerbung in der hohlen, als Zündkanal dienenden Achse mit dem Zündmittel. In Ausgangslage zurückgebracht, zeigt ein federnd gelagerter Schlagbolzen genau auf diese Aushöhlung der starren Achse. Schlägt jetzt der Hahn bzw. Hammer, wie man seit dieser Zeit immer häufiger sagt, auf den Schlagbolzen, so explodiert die Zündmasse und schlägt als Zündstrahl durch die Achse in die Kammer. *Forsyth* hatte – und das war ja sein eigentliches Anliegen gewesen – eine bis dahin unerhört schnelle Zündung gefunden. Das Schloß funktionierte einwandfrei (Zeitpunkt: etwa 1805) und wurde vom Militär zunächst einmal abgelehnt. Eine Vielzahl von Büchsenmachern begann jedoch jetzt, diesem neuen Prinzip nachzusinnen und gleiche (bei Verletzung des von *Forsyth* 1807 angemeldeten Patentes) oder ähnliche Schlösser zu konstruieren. Eine erste Verbesserung bestand darin, die lose Zündmasse zu fixieren. Gummi- oder wachsüberzogene Zündpillen wurden entweder im Hammerkopf oder am Zündkanal oder auch in einem losen Zwischenteil befestigt und zur Explosion gebracht.

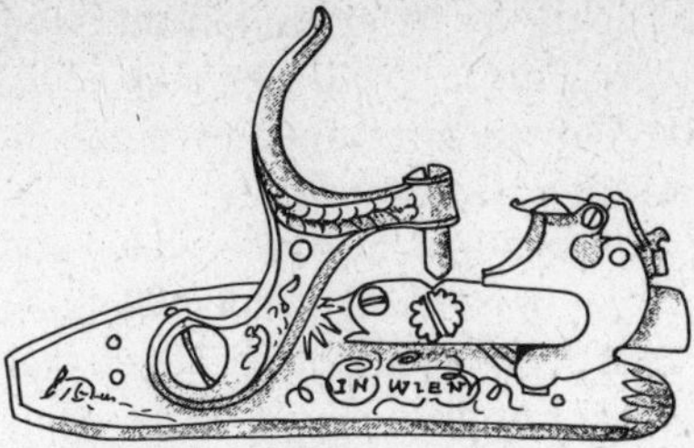

Perkussionsschloß, Typ Broutet

Weitere Verbesserungen kamen hinzu. Im Jahre 1818 bringt *Manton* die Zündmasse in einem dünnwandigen Kupferröhrchen unter, das ins Zündloch gesteckt und dann durch den Schlag des Hammers auf das herausragende Ende gezündet wird. *Heurteloup* ließ sich 1835 das ›fusil coptipteur‹ patentieren, bei dem die Zündmasse in eine bandartige Bleifolie eingepreßt war, und in den USA erlangte der ›tape-primer‹ von *Maynard* (Patent 1845) eine gewisse militärische Bedeutung.

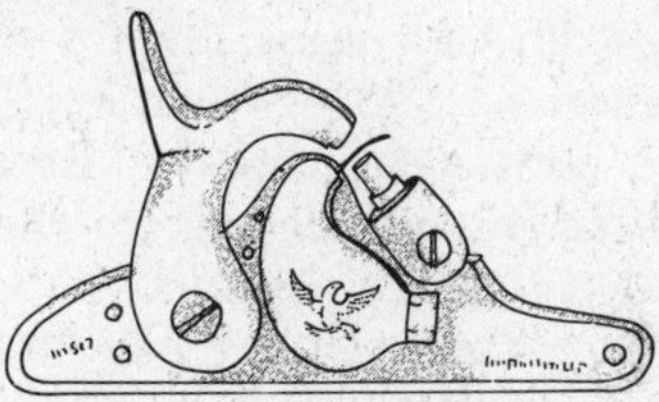

Perkussionsschloß, Typ Maynard

Das Zündhütchen

Auf jeden Fall in die Zeit vor 1820 fällt indes die Erfindung des bedeutendsten Zündmittels: des Zündhütchens. Es ist nicht ganz deutlich, wem die Entdeckerehre zukommt. Die Büchsenmacher *Joe Manton, Joseph Egg* und *James Purdey* meldeten Ansprüche an, *Prélat* in Paris forderte am lautesten den Ruhm, aber womöglich kommt auch *Joshua Shaw* infrage, dessen Anspruch, bereits 1814 das

Zündhütchen für die USA erfunden zu haben, zwar nicht belegbar ist (sein Patent erhielt er erst 1822), dessen Pionierleistung bei der Verbreitung dieses neuen Zündsystems in den USA jedoch unbestritten ist.
Das Zündhütchen bestand normalerweise aus Kupferblech. Es enthielt an seinem Boden den Zündsatz, der durch eine darübergezogene Lackschicht gegen Feuchtigkeit geschützt war. Das Zündhütchen wurde auf das im Zündstollen verschraubte Piston gesetzt, wo es vom Hammer gezündet wurde.

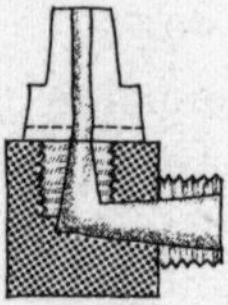

Funktionszeichnung des Zündkanals

Der Zündstrahl gelangte nicht gradlinig in die Kammer, und es gab denn auch einige Seitenschlösser, bei denen das Piston direkt im Lauf verschraubt war. Die Standardform des Perkussionsschlosses war jetzt jedoch erreicht, und sie wurde auch nicht von den Rückschlössern, bei denen die Schloßmechanik hinter dem Hammer arbeitete, und auch nicht von den Unterschlössern, bei denen der Hammer von unten auf das untenliegende Piston schlug, verdrängt.

Einschüssige Perkussionspistolen

Bei den einschüssigen Vorderladerpistolen – sie stellten zu dieser Zeit die große Mehrheit der Faustfeuerwaffen – änderte sich nach Einführung des Perkussionsschlosses gegenüber der Steinschloßpistole wenig in bezug auf Gestalt und Typ. Wie bereits erwähnt, wurden Duellpistolen formidentisch weitergebaut, änderten jedoch, bei gleichzeitiger

Kaliberverkleinerung, ihre Funktion. Taschenpistolen wurden weiterhin nach gleichem Muster, nur eben mit dem neuen Zündsystem (besonders in Belgien), hergestellt, und die Gebrauchs- und Militärpistolen wurden im großen Umfang zunächst einmal aptiert. Im preußischen Heer wird das Perkussionsschloß offiziell 1839 eingeführt, in Frankreich 1840 und in England 1842. In den USA hatte man schon 1833 mit der Systemumstellung begonnen. Zwei Waffenbeispiele sollen für diesen Zusammenhang ausreichen.

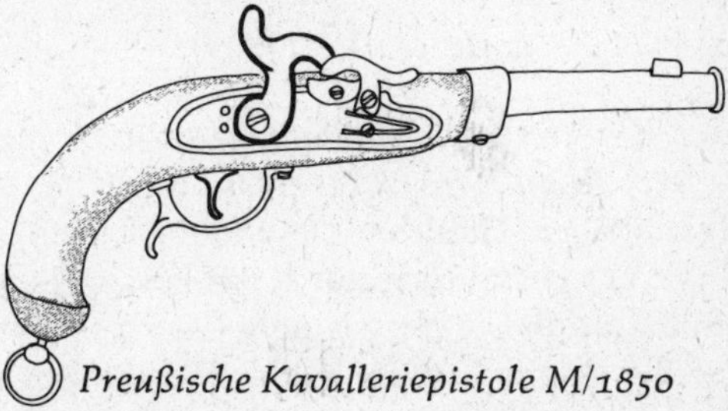

Preußische Kavalleriepistole M/1850

Preußische Kavalleriepistole M/1850. Halbschäftung, geschlossener Laufbund, Pistonsicherung, Standvisier auf Kreuzschraube, Abzugsbügel mit Dorn zur Auflage des Mittelfingers. Kolbenkappe: in unterschiedlicher Form, Eisen oder Messing, mit oder ohne Fangschnurring, gestauchte Laufmündung, Patentschwanzschraube (Pulverkammer mit Vorkammer durch Engführung verbunden und in die Schwanzschraube verlagert: schnellere Zündung). Herstellung in Suhl. Gesamtlänge 38 cm, Kaliber 15,2 mm.

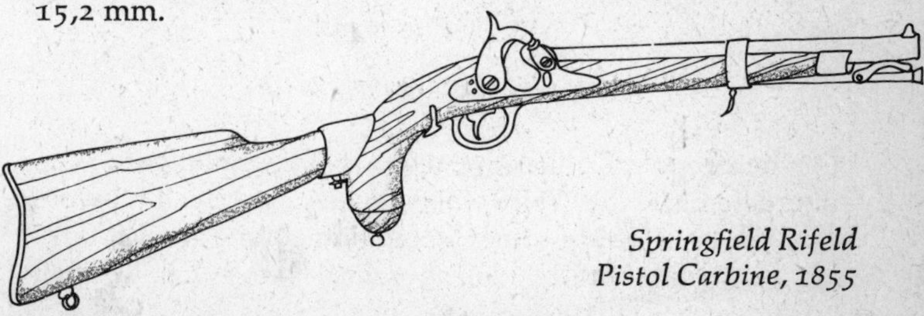

Springfield Rifeld Pistol Carbine, 1855

Amerikanischer ›Springfield rifled pistol carbine‹, Modell 1855. Messinggarnitur, Fangschnurring, Maynard ›tape primer‹, Gelenkladestock, Anschlagschaft, Riemenbügel an Schaft und Mittelbund, gezogener Lauf, Lauflänge 30,5 cm, Gesamtlänge 45 cm, mit Anschlagschaft 72 cm, Kaliber .58 inch. Die Waffe wurde bei der Reitertruppe geführt und kommt auch ohne Anschlagschaft vor. Eine Replika ist als ›Zuave‹-Pistole auf dem Markt.

Eine Sonderform

Zwei in den USA entwickelte Perkussionspistolen erregten in ihrer Zeit besonderes Aufsehen, die eine mit ihrem höchst eigenartigen Habitus, die andere wegen ihres Formates. Angeregt vermutlich durch die bekannten Taschenpistolen mit Klappbajonett, meldete *George Elgin* 1837 ein Patent auf die ›Elgin-Cutlass‹- oder ›Bowie-Knife‹-Pistole an. Es handelt sich dabei um eine Kombinationswaffe von einer Pistole einerseits und einer unter dem Lauf befestigten Klinge andererseits. Die Zivilausführung hatte das Kaliber .36 und eine Klingenlänge von 24 cm. Von der Marineausführung wurden nur 150 Exemplare hergestellt.

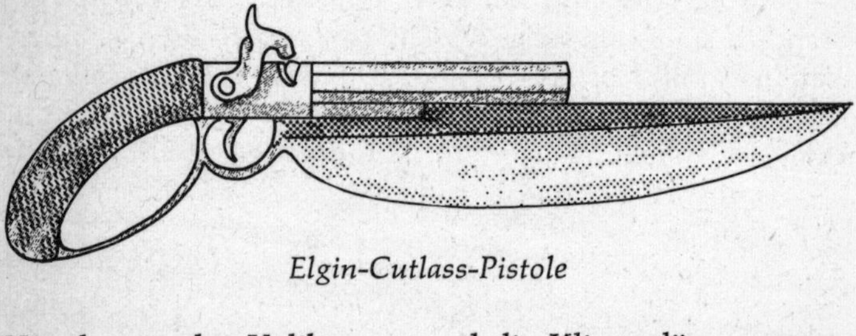

Elgin-Cutlass-Pistole

Hier betrug das Kaliber .54 und die Klingenlänge 29 cm, außerdem hatte die Waffe einen Faustschutzbügel. Obwohl *Elgin* schon im Jahre seiner Patentanmeldung die Produktion einstellen mußte, wurde seine Pistole des öfteren kopiert, so daß zwar wenige *Elgin*-Waffen, dafür aber häufiger typverwandte Pistolen auf dem Markt erscheinen. Die zivile *Elgin* ist gestempelt ›Morrill & Blair Amhurst Mass.‹, die Marineausführung ›Elgin's Patent PM CBA 1837‹.

Deringer-Pistolen

Die zweite in den USA schnell berühmt gewordene Waffe war die Taschenpistole von *Henry Deringer*. Er arbeitete in Philadelphia, war deutscher Abstammung (Thüringer) und hatte, schon lange bevor er den ›Derringer‹ herstellte, einen sehr guten Ruf als Büchsenmacher für normalformatige Duellpistolen und auch für Militärwaffen, die er bis in die vierziger Jahre mit Steinschloß herstellen mußte. Bereits um 1825 stattete er seine eigenen Waffen mit Perkussionsschloß aus, aber erst um 1850 eroberte sich die Taschenpistole den Markt.

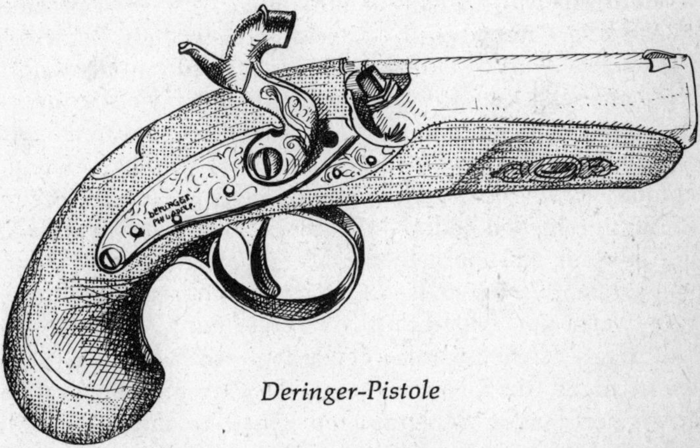

Deringer-Pistole

Die Waffe fand im Süden und im Westen der USA einen reißenden Absatz und konnte aufgrund der unterschied-

lichen Ausführungen nahezu jeden Kundenwunsch befriedigen. Die Gesamtlänge der Waffe variierte von 9 cm bis knapp über 20 cm, wobei die längeren Pistolen bereits mit Ladestock versehen sind. Die Begeisterung der Käufer erklärt sich sicher nicht nur durch die Handlichkeit und Eleganz der Waffe – Neusilberbeschläge, Fischhautverschneidung, Griffstück meist vom ›Bird's-head‹-Typ –, sondern auch und besonders durch die enorme Wirksamkeit auf kurze Entfernungen. Immerhin war die kleine Pistole bei durchweg gezogenen Läufen für folgende Kaliber ausgelegt: .28, .36, .40, .41, .43, .44, .46, .47, .48 inch. Am häufigsten ist das Kaliber .41 vertreten (10,4 mm), und man hat wohl keine Schwierigkeiten, sich die Wirkung auf Spieltischentfernung vorzustellen. Präsident *Lincoln* wurde mit einem Deringer vom Kaliber .44 ermordet. Die Waffe ist in Regierungsbesitz, aber nicht weniger als 500 Leute behaupten, eben diese Pistole zu besitzen.
In den Jahren zwischen 1850 und 1860 stellte *Deringers* Werkstatt jährlich Tausende von Pistolen her, und die Konkurrenz war bald auf dem Plan. Da *Deringer* auf seine Waffe kein Patent besaß – er zeichnete stets mit ›Deringer Philadel.‹ –, wurde sein Name häufig entweder unverändert oder phonetisch-assoziativ als ›Derringer‹ oder ›Beringer‹ mißbraucht. Eine Reihe von Büchsenmachern zeichnete mit eigenem Namen, so *Evans, Constable, Erichson, Foehl, Dimick, Krider, Lins, Slotter, Jacobs* usw. Für das breite Publikum hießen jedoch alle diese Waffen ›Derringer‹, und als mit Aufkommen der Metallpatrone diese Pistole von großen Firmen (z.B. *Remington*) weitergebaut wurde, war ›Derringer‹ schlechthin zur Bezeichnung für die großkalibrige Taschenpistole geworden (so wie ›Colt‹ in Deutschland für ›Revolver‹ steht). Der Sammler pflegt zwischen den beiden Benennungen genau zu unterscheiden, gelegentlich findet sich auch der ›Deringer Derringer‹. Seit 1970 stellt die Firma *Colt* erstmalig wieder einen ›Deringer‹ mit einem ›r‹ her.

Die ersten Revolver

Mit der Perkussionszündung setzte schlagartig die Entwicklung brauchbarer Revolver ein. Im Zusammenhang mit der dreiläufigen Waffe im Palazzo Ducale in Venedig (›uno schioppo da serpa con tre cane‹) hatten wir bereits die frühen Bemühungen um Mehrschüssigkeit gestreift, aber dann nicht so sehr aus systematischen Gesichtspunkten, als vielmehr in Erkenntnis des sehr dürftigen Materials (das obendrein zumeist in Form von Jagdwaffen vorliegt) nicht weiter verfolgt. Dennoch erscheint an dieser Stelle ein kurzer historischer Vorspann angebracht.

Wir unterscheiden zwei Systeme: das um eine starre Achse drehbare Laufbündel und die hinter einem Einzellauf drehbare Trommel mit mehreren Kammern. Aus dem ersten System, das offenbar das ältere ist, entwickelt sich um 1650 in Frankreich die Wenderkonstruktion. Zwei übereinanderliegende mit je einer Batterie versehene Läufe sind auf einem Drehzapfen gelagert. Ist der obere Lauf abgefeuert, wird das Laufpaar um 180° gedreht. In Frankreich wurde diese Konstruktion bald unpopulär, hatte in Deutschland jedoch einigen Erfolg, und es ist eine Reihe von Pistolen, besonders aus der Werkstatt der Familie *Klett*, nachweisbar.

Im 18. Jahrhundert stellt der Suhler Büchsenmacher *Johann Gottfried Kolbe* im Lauf eines siebenjährigen Arbeitsaufenthaltes in London eine Anzahl von Waffen mit drehbarem Laufbündel her, und eben diesen Waffen ist wohl zum erstenmal der Beiname ›pepperbox‹ gegeben worden. Die Läufe waren abschraubbar. Das Bodenteil hatte entsprechend der Laufanzahl kleine schieberverschlossene Zündpfannen und lief in einer schützenden Messingmanschette. Hier liegt übrigens ein frühes Single-Action-Prinzip vor, denn bei jeder Hahnspannung drehte sich das Laufbündel. Um 1800 wird dieser Waffentyp einigermaßen populär, und wir kennen von englischen Büchsenmachern eine Anzahl von Exemplaren, bei denen zwar das Laufbündel von Hand bewegt werden muß, die jedoch jetzt mit dem funktionaleren Kastenschloß ausgestattet sind und – bei besonders enger Manschette – auch auf die einzelnen Pfannenschieber verzichten.

Die Pepperbox

Es ist nur zu verständlich, daß angesichts dieser zwar gut verarbeiteten, aber nichtsdestoweniger durch Pulverrückstände hochanfälligen, weil in ihrer Drehbarkeit behinderten Zündmechanik das Zündhütchen laut gefeiert wurde. In den dreißiger Jahren des vorigen Jahrhunderts setzt ein regelrechter Boom in der Konstruktion von ›pepperboxes‹ oder Bündelrevolvern (wie sie heute zumeist bezeichnet werden) ein, wobei in Europa und in den USA zu gleicher Zeit gleich gute Modelle auf den Markt kamen. Im Jahre 1836 ließ sich *Darling* eine Single-Action-Pepperbox patentieren. Bereits ein Jahr später meldete *Ethan Allen* sein Patent an, und die ›Allen‹ war sofort die vielbewunderte und oft kopierte Idealausführung des Bündelrevolvers auf dem amerikanischen Markt.

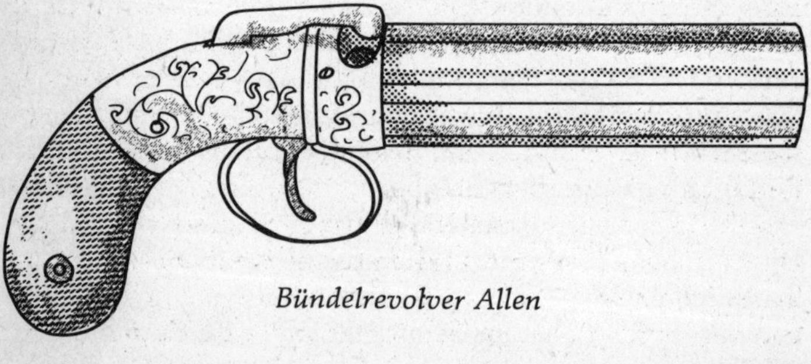

Bündelrevolver Allen

Die Waffe wurde von 1838 bis 1865 mit wechselnden Partnern *(C. Thurber, T.P. Wheelock)* hergestellt. Sie war als Abzugsspanner konstruiert – so wie die meisten, auch die europäischen Bündelrevolver –, d.h., die Abzugsbewegung bewirkte sowohl die Umsetzung des Laufbündels als auch das Spannen und Wiedervorschnellen des Hammers (›self-cocking‹). Es handelt sich hierbei keineswegs um das Double-Action-Prinzip, denn der Hammer konnte nicht in Spannstellung arretiert werden. Das sechsschüssige Laufbündel war aus einem Stück gearbeitet, die aus dem Block herausgearbeiteten Zündnippel stehen rechtwinklig zu den Läufen. Die Waffe wurde in den Kalibern .28, .31, .32, .36 gefertigt. Die Laufbeschriftungen lauten bis 1842 *Allen & Thurber, Grafton, Mass.*, bis 1847 *Allen & Thurber, Norwich, Conn.*, bis 1856 *Allen & Thurber, Worcester, Mass.* Als sich 1856 *Thurber* aus dem Geschäft zurückzog, lautete die Laufsignatur *Allen & Wheelock, Worcester, Mass.* – Auf dem amerikanischen und englischen Markt wurde die ›Allen‹ von vielen Herstellern mit mehr oder weniger (meist weniger) starken Abänderungen nachgebaut. In den USA sind zu nennen: *Blunt & Syms* (New York), *Bolen* (New York), *Darling* (Rhode Island), *Kendall* (Vermont), *Leonard* (Charlestown), *Manhattan Fire Arms Comp.* (New York), *Marston* (New York), *Pecare & Smith* (New York), *Robbins & Lawrence* (Vermont), *Stocking & Co.* (Mass.), *Union Arms Co.* (New York), *Washington Arms Co.*

Der Bündelrevolver war in den ersten zehn bis fünfzehn Jahren seiner Existenz eine ernstzunehmende Konkurrenz für den ›eigentlichen‹ Revolver. Er ist nie eine Armee- oder gar Ordonnanzwaffe gewesen, obwohl dem Vernehmen nach die US-Kavallerie ihn bei den Kämpfen gegen die Cheyennes (1857) vereinzelt gebraucht haben soll. Daß diese Waffe schließlich dem Revolver weichen mußte, lag an der enormen Kopflastigkeit und an der äußerst mangelhaften Schußgenauigkeit. Es war ja nicht möglich, eine auch nur halbwegs brauchbare Visiereinrichtung anzubringen.

In England wurde der Bündelrevolver mit Modifizierungen nach dem Vorbild der ›Allen‹ gebaut (u. a. von *Berry, J. Blissett, C. & H. Egg, J. Harper)*. Von ausschlaggebender Bedeutung für den kontinentalen Raum war jedoch die Konstruktion von *G. Mariette* in Lüttich. Seine Waffe unterschied sich in wesentlichen Merkmalen vom amerikanisch/englischen Modell und fand (u. a. in Frankreich) zahlreiche nachempfindende Hersteller.

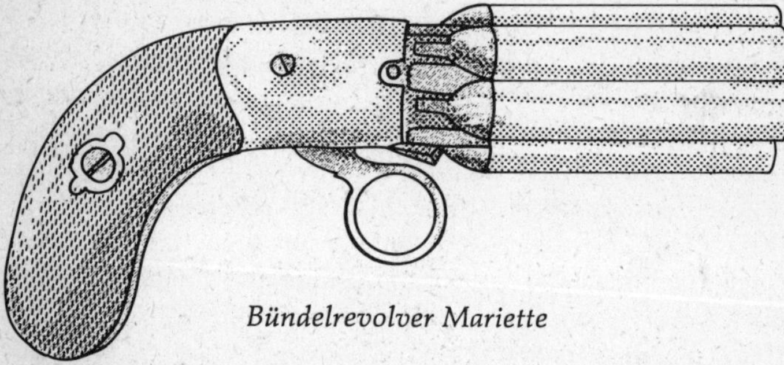

Bündelrevolver Mariette

Die ›Mariette‹ hat einen Ringabzug, Unterhammer, abschraubbare Läufe und axial ausgerichtete Pistons. Sie wurde 1837 zum erstenmal hergestellt. Die Signatur über dem Schloß lautet *Mariette Breveté*. Das gebräuchliche Kaliber liegt bei 9 mm, reichte aber von 7 mm bis 13 mm. Die Zahl der Läufe schwankt zwischen vier und achtzehn.
Es finden sich noch Bündelrevolver von *Perin & Le Page* (Paris), bei denen die Umsetzung von Hand erfolgt, die im übrigen aber das übliche Perkussionsschloß aufweisen.

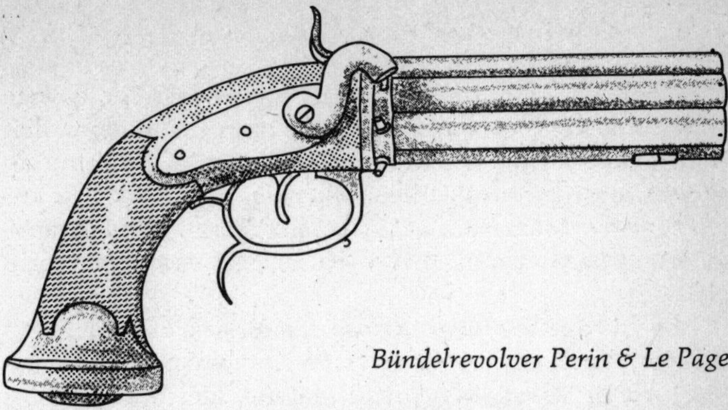

Bündelrevolver Perin & Le Page

Als Abweichung von der Normkonstruktion kann man ferner den Bündelrevolver von *Bacon & Co.* (Norwich, Conn.) ansehen.

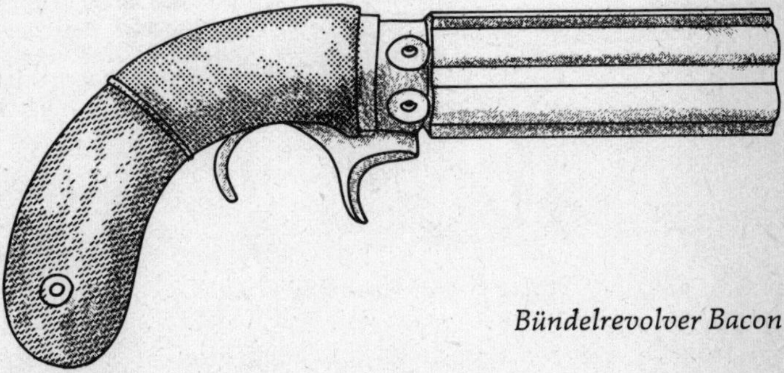

Bündelrevolver Bacon

Die Waffe hat Single-Action, d. h., der untenliegende Hammer wird vor dem Schluß gespannt und vom dahinterliegenden Abzug entriegelt. Von 1864 bis 1888 wurde die Waffe, jetzt mit obenliegendem Hammer, für das Kaliber .22, als Hinterlader eingerichtet, hergestellt.

Mit dem Aufkommen der Metallpatrone waren die Tage des Bündelrevolvers gezählt. Im Vorgriff auf diese Zeit sollen die wichtigeren Modelle in diesem Kapitel vorgestellt werden, obwohl, bei sinkender Seriosität und anwachsender Merkwürdigkeit dieser Waffen, eine Subsummierung unter das Stichwort ›Kuriosa‹ ebenso angebracht wäre.
Der gebürtige Ire *James Reid* ließ sich im Dezember 1865 in New York ein Patent auf eine Kombinationswaffe geben, die er selbst ›My Friend‹ nannte. Die Waffe gehört zum Typ der Schlagring-Pistolen (engl.: knuckle-duster) und hat keinen Lauf.

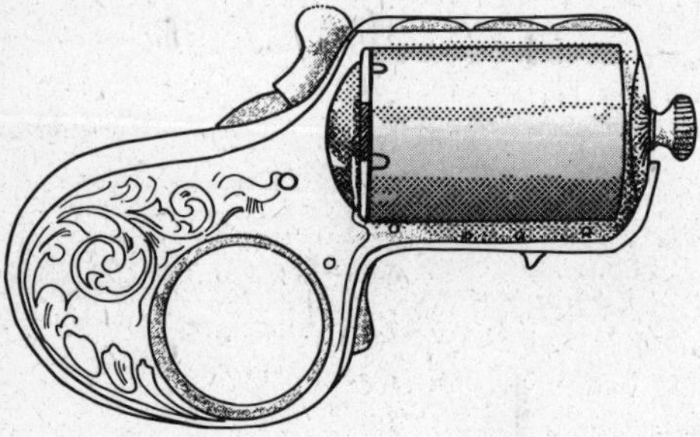

Schlagringrevolver ›My Friend‹

Die Waffe hat Single Action und ist für Patronen im Kaliber .22, .32 und .41 ausgelegt. Signatur: ›My Friend Pat'd Dec. 26, 1865‹. Bis 1884 wurden etwa 15000 Exemplare – hauptsächlich im Kaliber .22 – hergestellt, aber auch im Ausland, besonders in Belgien, kopierte man diesen Waffentyp gern und nannte ihn ›Fisticuff‹.

Ausgesprochene Sonderbarkeiten stellen die sogenannten Apachen-Revolver dar.

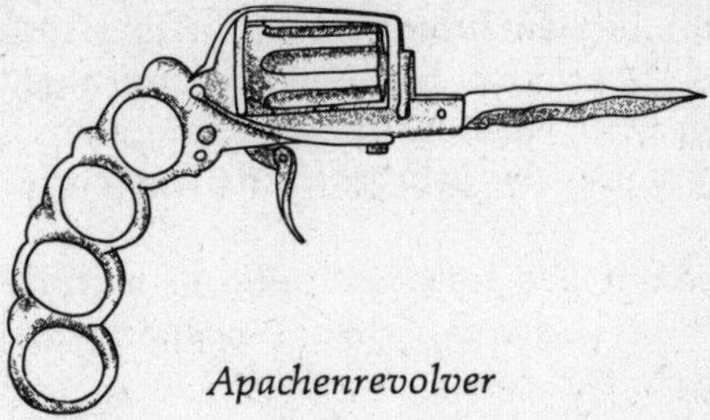

Apachenrevolver

Auch sie sind Kombinationswaffen, bestehend aus einem achsengelagerten Laufbündel, einem Schlagring und einem kurzen Dolch. Zumindest der Dolch ist immer anklappbar. Diese Waffe wurde wohl gerne von der Pariser Unterwelt getragen (Apachen), jedoch in Lüttich hergestellt. Signatur: *C. Dolne invor.* Hersteller war eben jener *C. Dolne*, der 1875 das entsprechende Patent erhielt. Die kleine Dolchklinge ist geflammt, der Schlagring aus Messing. Das Kaliber beträgt 7 mm oder 8 mm, Stiftfeuer und Randfeuer, das System ist als Abzugsspanner konstruiert und nicht, wie häufig beschrieben, als Double Action. – In den technischen Daten sehr verwandt, nur in der Rahmenkonstruktion anders ist der ›Delhaxie‹.

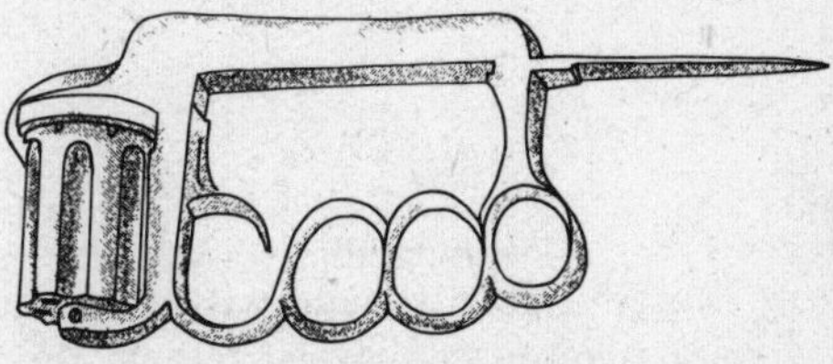

Apachenrevolver, starrer Rahmen

Bei dieser Waffe ist der Rahmen starr, nur Klinge und Abzug können eingeklappt werden. Sie kommt sehr viel seltener auf den Markt als diejenige von *Dolne*. Beide Waffen sind wegen ihrer wundersamen Form natürlich sehr gefragt, und entsprechend ist die Preissituation. Dennoch sollten überhöhte Forderungen zurückgewiesen werden. In den USA wird der ›Dolne‹ bei gutem Zustand für etwa $ 225,– und der sehr gut erhaltene für etwa $ 400,– gehandelt.
Hinzuweisen bliebe noch auf eine Konstruktionsart des Bündelrevolvers, die zwischen 1860 und 1870 in Frankreich entwickelt wurde.

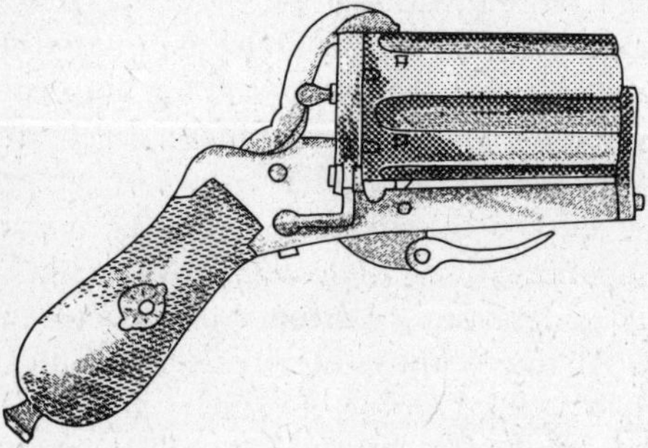

Bündelrevolver, Lefaucheux-System

Die Waffe ist ein Abzugsspanner, hat Ladeklappe und Klappabzug, verschießt Stiftfeuerpatronen vom Kaliber (normalerweise) 7 mm und weist einen im Griff verschraubten Hülsenausstoßer auf.

Der Perkussionsrevolver

Kehren wir nun zum zweiten, wichtigeren Entwicklungszweig, also zum ›eigentlichen‹ Revolver zurück, so gilt natürlich auch hier, daß vor den ersten ›Paterson‹ der Schweiß vieler Erfinder gesetzt war. Maßgeblich am Entwicklungsbeginn beteiligt waren die deutschen Büchsenmacher, denn es gibt eine kleine Anzahl von Radschloßrevolvern (so muß man sie ja nennen) und später dann von Schnappschloßrevolvern, die eindeutig deutscher Herkunft sind. Die Trommel mußte von Hand bewegt werden und weist über jeder Kammer eine versenkte Zündpfanne auf. Ein Teil dieser Waffen kam aus der Werkstatt des Nürnberger Meisters *Wolf Stopler,* sofern sie den Schnappschloßmechanismus aufweisen. Die Radschloßrevolver tragen teilweise Augsburger Beschau oder deuten auf westdeutsche Fertigung.
Eine entwicklungsgeschichtlich außerordentlich interessante Neuerung brachte kurz vor 1700 der englische Büchsenmacher *John Dafte.* Bei seinem Steinschloßrevolver arbeitet der Hahn innerhalb des Schloßblechs. An der Hahnbrust ist ein Zapfen verlötet, der in Umsetzerfunktion pro Hahnspannung in einen Schaltstern am Trommelboden greift und die Trommel jeweils um ein Sechstel umsetzt. Dieses erste Single-Action-Prinzip war seiner Zeit weit voraus. Der Revolver wurde kein Erfolg. Aber: es ist nicht auszuschließen, daß Samuel Colt sich an dieser Konstruktion orientierte.

Die amerikanische Entwicklung

Im gesamten 18. Jahrhundert wurde weiterhin, wenn auch seitab und ohne rechtes Ergebnis, an Revolverkonstruktionen gearbeitet, aber erst am 10. Juni 1817, als Hauptmann

Wheeler aus Concord, Massachusetts, sein Patent anmeldete, kam Bewegung in die stagnierende Entwicklung. Obwohl die Patentzeichnung zerstört wurde und insgesamt nur zwei Waffen erhalten sind, wissen wir, daß der Revolver eine Steinschloßwaffe war, ein Pulvermagazin in Batteriestahl enthielt, für Single Action angelegt war und – last not least – erstmals dem typischen Revolverproblem des Gasverlustes dadurch Rechnung trug, daß die Trommel im Augenblick des Schusses gegen den Lauf gedrückt wurde. – Nur sehr kurze Zeit später gingen zwei Männer aus Boston mit eben diesem System nach Europa und ließen es sich patentieren. *Elisha Collier* erhielt 1818 das englische Patent, *Cornelius Coolidge* im gleichen Jahr das französische. Ob *Wheeler* mit dieser Aktion einverstanden war, hat sich nie ganz klären lassen.
Während es auf dem französischen Markt ruhig bleibt, wird der Collier-Revolver in England ein Achtungserfolg. Zwar wird das Modell von der Armee abgelehnt, aber *Collier* scheint einen Teil der Produktion nach Indien verkauft zu haben – wenngleich er sicher nicht reich geworden ist. Das Collier-System – vom Patent her Single Action – verzichtet später auf dieses Detail (die Trommel mußte also wieder von Hand bewegt werden), aber die Gasab-

Steinschloßrevolver von Collier

dichtung war verbessert: im Augenblick des Schusses setzte sich die vorn erweiterte Kammer über das konisch geformte Laufende.

Im Jahr 1827 gab *Collier* seine Produktion auf, denn die Konkurrenz der Perkussionsmodelle – zu diesem Zeitpunkt der Bündelrevolver – war erdrückend geworden.

In den zwanziger Jahren beginnt eine Vielzahl von europäischen und amerikanischen Büchsenmachern erste Versuche mit dem Perkussionsrevolver anzustellen. In durchaus wichtigen Konstruktionselementen zeigten sich – vor allem in späteren Jahren – die europäischen Hersteller ihren amerikanischen Kollegen ebenbürtig, wenn nicht überlegen. Daß dennoch die USA als das Mutterland des Revolvers empfunden werden, lag am Genie von *Samuel Colt*.

Die Colt-Revolver

Das verblüffende an dem Patent von *Colt* ist die Tatsache, daß er nichts eigentlich sensationell Neues erfunden hat, sondern längst Bekanntes zu einer optimalen Funktionseinheit verschmolz. Wir wissen, daß *Samuel Colt* von Jugend auf an Waffen interessiert war, es gilt auch als gesichert, daß ihm lange vor seiner Patentanmeldung das Single-Action-Prinzip bekannt war, und einer hartnäckigen, wenngleich unbelegbaren Überlieferung zufolge ist ihm an Bord eines Segelschiffes bei Beobachtung der Steuerradarretierung klargeworden, wie man an Revolvern die Trommelverriegelung konstruieren müsse.

Wie dem auch sei, feststeht, daß er auf sein erstes Revolvermodell 1835 das französische und englische Patent erhielt, 1836 dann das amerikanische. Im gleichen Jahr lief die Produktion in Paterson, New Jersey, an, und der Sammler spricht von diesem ältesten Colt-Revolver kurz als von dem ›Paterson‹.

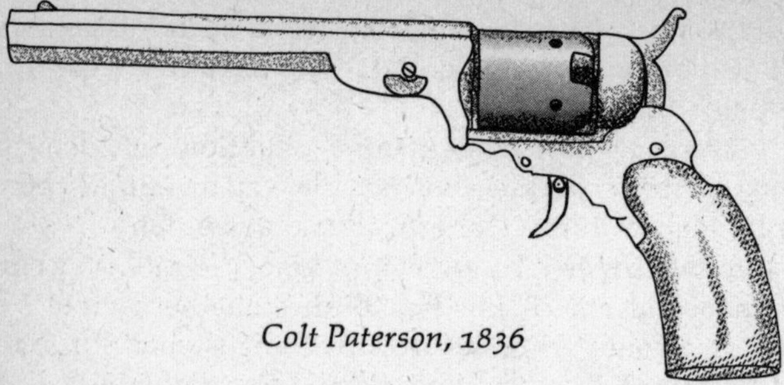

Colt Paterson, 1836

Es ist ein Single-Action-Revolver, ohne Abzugsbügel. Der Abzug ist nach dem Prinzip des ›folding-trigger‹ konstruiert, d. h., er klappt erst bei gespanntem Hammer heraus. Die Trommel ist fünfschüssig und weist Vertiefungen für einen Arretiermechanismus auf, der die jeweilige Kammer formschlüssig bei entspanntem und gespanntem Hammer hinter dem Lauf hält. Zur Waffe gehört eine Wechseltrommel und eine Pulverflasche, mit der alle Kammern gleichzeitig versorgt werden können.

Pulverflasche für Colt Paterson

Der Revolver wurde von 1836–1841 hergestellt. Allgemeine Geldknappheit und ausbleibende Regierungsaufträge zwangen Colt zur Aufgabe der Produktion, obwohl die Waffe gut war und besonders in Texas mit großen Erfolgen gegen die Comanchen eingesetzt wurde. Trotz der kurzen Produktionszeit konnte die Waffe 1839 durch Anbringen eines Kugelsetzers entscheidend verbessert werden. Bis zu diesem Zeitpunkt mußte der Revolver beim

Trommelwechsel regelrecht auseinandergenommen werden – der Lauf war lediglich mit einem Keil befestigt –, dieser Umstand fiel jetzt weg. Weiterhin wurden in den fünf Jahren drei verschiedene Modelle, nämlich die Taschenrevolver, die Gürtelrevolver und die Holsterrevolver hergestellt – alle drei Typen obendrein in verschiedenen Kalibern und mit verschiedenen Lauflängen. Der Grund für diese Vielfalt lag in dem berechtigten Wunsch des Herstellers, es möglichst jedem Kunden, auch dem mit Sonderwünschen, rechtzumachen. Die gebräuchlichen Kaliber waren folgende: .28, .31, .34, .36. – In den Standardausführungen waren alle Waffen dunkelblau brüniert und hatten Griffschalen aus Walnußholz. Die Trommeln der kleineren Typen zeigen eine Kentaur-Darstellung, diejenigen der Holsterwaffe einen Postkutschenüberfall. Seriennummern über 1000 sind nicht bekannt, aber es wird immer wieder vermutet, daß *Colt* jeden der drei Typen mit eigener Seriennumerierung versah, so daß in Wirklichkeit erheblich mehr Revolver produziert worden sein könnten. Die Beschriftung lautet durchgängig ›Patent Arms M'g Co. Paterson, N. J. Colt's Pt.‹. Aus begreiflichen Gründen gehört der ›Paterson‹ zu den gesuchtesten Waffen, und Spitzenpreise zwischen DM 20 000,– und DM 30 000,– sind für einige, allerdings sehr gut erhaltene Stücke möglich. In den USA wird der (sehr gut erhaltene) ›Paterson‹ – je nach Typ – zwischen $ 3 500,– und $ 9 500,– gehandelt.
Die Produktion des ›Paterson‹ war 1841 eingestellt worden, die ›Patent Arms Co.‹ schloß 1843 ihre Tore. Für *Samuel Colt* begann eine unerfreuliche Zeit; da aber auch für den Geschäftsmann der Krieg der Vater aller Dinge ist, wendete sich das Blatt bald wieder. 1836 war Texas selbständig geworden, und 1845 kam es als Staat zu den USA. Sogleich begannen kriegerische Auseinandersetzungen mit Mexiko, bei denen von seiten der USA die Texas-Rangers eingesetzt wurden. Teile eben dieser Truppe führten den ›Paterson‹, und es kam schnell der Wunsch nach einer

neuen, wirkungsstärkeren Waffe von Colt auf. Hauptmann *Samuel H. Walker* wurde entsandt, um mit *Colt* eine Neuaufnahme der Produktion zu besprechen. *Colt* war einverstanden, zumal ein Regierungsauftrag zugesagt wurde. Verschiedene Entwürfe, an denen *Walker* ständig mitarbeitete, führten schließlich zu einem zufriedenstellenden Modell, das bei *Eli Whitney* in Whitneyville, Connecticut, hergestellt wurde. Die Produktion lief 1847 an, die Waffe wurde als 1847 Army Model, als ›Whitneyville-Walker‹ oder auch schlicht als ›Walker‹ bezeichnet.

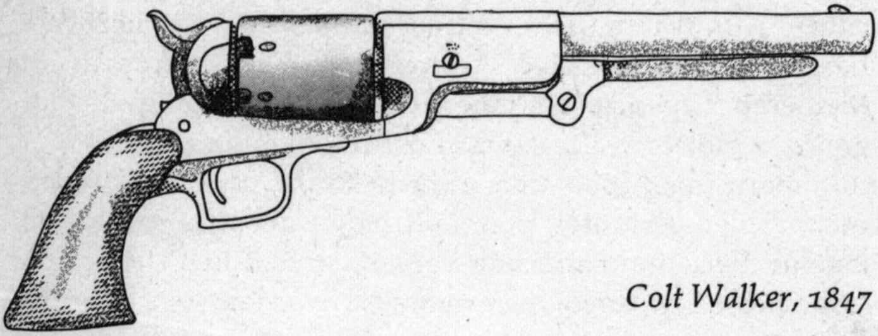

Colt Walker, 1847

Der Revolver ist im Kaliber .44 ausgelegt, hat eine sechsschüssige Trommel und ein Gewicht von etwa viereinhalb Pfund. Die Gesamtlänge beträgt knapp 40 cm. Im Gegensatz zum ›Paterson‹ hat der ›Walker‹ einen normalen Abzug und einen hinten rechteckigen Abzugsbügel. Die Griffform ist ebenfalls verändert und hat jetzt schon die Gestalt, wie sie für alle kommenden Colt-Revolver typisch ist. Die Laufbeschriftung lautet ›Address Sam'l Colt, New York City‹ und ›U. S. 1847‹, auf der Trommel steht ›Colt's Patent Model U. S. M. R.‹. Alle Waffen sind mit Kugelsetzer versehen, einige haben einen Gürtelhaken (Übergangsmodell zum Dragoon). Der ›Walker‹ kam über die 1100 Exemplare des Regierungsauftrags nicht hinaus. Die Spitzenpreise liegen in den USA zwischen $ 10 000,– und $ 12 000,–.

Da der ›Walker‹ sich bei der Armee hervorragend eingeführt hatte, gründete *Colt* noch im Jahr 1847 seine eigene Fabrik in Hartford, Connecticut. Hier begann er 1848 mit der Produktion des ›Dragoon‹, eines Revolvers, der direkt aus dem ›Walker‹ hervorging und der in drei Modellen bis in die späten fünfziger Jahre in ungefähr zwanzigtausend Exemplaren hergestellt wurde. Vom ersten Modell wurden etwa achttausend Stück in den Jahren 1848–1850 hergestellt.

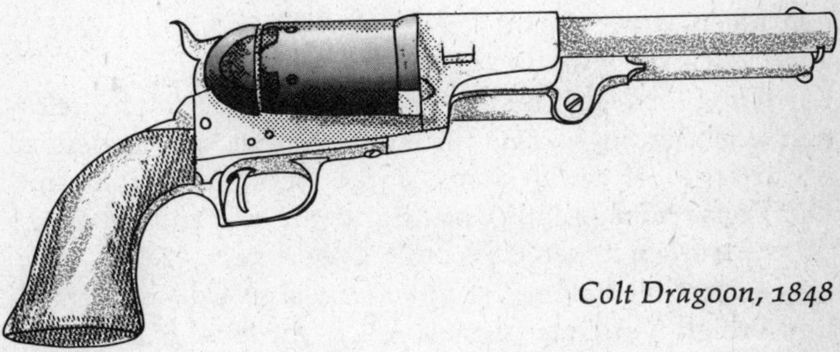

Colt Dragoon, 1848

Gegenüber dem ›Walker‹ ist der Lauf von 9 Zoll auf 7 1/2 Zoll verkürzt. Das Kaliber beträgt .44. Die Laufbeschriftung lautet ›Address Sam'l Colt, New York City‹, auf dem Rahmen steht ›Colt's Patent‹, auf der Trommel ›U. S. M. R.‹ und ›Colt's Patent‹. Der Abzugsbügel ist hinten rechteckig, der Griffrahmen aus Messing. Der Kugelsetzer wird mit einer Federsperre am Lauf gehalten.
Das zweite Dragoon-Modell (1850/51) hat gleiches Aussehen, gleiche Beschriftung und gleiche Daten wie das erste Modell. Der sofort sichtbare Unterschied liegt in der Form der Rastlöcher für die Trommelarretierung: sie waren bislang oval, sind jetzt jedoch rechteckig und mit Gleitnut versehen. *Colt* hatte für diese Verbesserung 1850 ein Pa-

tent angemeldet. Ferner ist vom zweiten Dragoon-Modell an die Schlagfeder als normale Blattfeder ausgebildet, ist also nicht mehr V-förmig. – Das dritte Dragoon-Modell wurde bis 1861 angeboten, die Stückzahl dürfte bei etwa 11 000 liegen. Gegenüber den beiden ersten Modellen hat diese Waffe einen runden Abzugsbügel. Ein Teil der Serie ist für die Montage eines Anschlagschaftes konstruiert und weist infolgedessen ein Klappvisier auf. Ganz offensichtlich wollte *Colt* mit diesem Modell zum bereits angesprochenen ›Springfield Pistol Carbine‹ (Modell 1855) in Konkurrenz treten, und er scheute dabei auch keine ausgefallenen Ideen, denn einem Teil der Anschlagschäfte dachte er gleichzeitig die Funktion einer Feldflasche zu.

Die ›Dragoons‹ sind im Handel häufiger anzutreffen, zeichnen sich allerdings – wie für Armeewaffen nicht anders zu erwarten – oft genug durch starke Gebrauchsspuren aus. Die Preise sind (relativ) niedrig, denn sehr gut erhaltene Stücke werden in den USA um $ 1 500,– gehandelt.

Das erste Colt-Patent lief 1850 aus, aber *Colt* beantragte und erhielt Verlängerung bis 1857. Zu diesem Zeitpunkt war die Konkurrenz nicht nur erwacht – sie hatte inzwischen auch recht brauchbare Modelle geschaffen und war durchaus in der Lage, eigene Märkte zu erobern. Vor allem in Europa war es für *Colt* außerordentlich schwer, Fuß zu fassen. Eine Colt-Fabrik wurde zwar 1852 in London eröffnet, aber nach dem Krimkrieg (1853–1856), in welchem England auf Seiten Frankreichs und der Türkei gegen Rußland kämpfte, blieben größere Aufträge aus. Bereits im Jahre 1856 verlegte *Colt* die Produktion in eine kleinere Londoner Fabrik, die er 1861 dann endgültig schloß.

Um den Zusammenhang zu wahren, sollen im folgenden jedoch weitere Colt-Modelle in Kurzcharakteristiken vorgestellt werden. Es wäre allerdings falscher Ehrgeiz, dabei Vollständigkeit anzustreben. Ist die Zahl der Grundmodelle schon außerordentlich groß, so ist die Zahl der Varianten nahezu unüberschaubar.

›Colt Old Model Pocket‹, Modell 1848, häufig auch ›Baby Dragoon‹ genannt.

Colt Old Model Pocket, 1848

Fünfschüssig, Kaliber .31, Griffrahmen Messing, Abzugsbügel hinten rechteckig. Kein Kugelsetzer. Auf der Trommel Szene eines Postkutschenüberfalls. Lauf: ›Address Sam'l Colt, New York City‹, Trommel und Rahmen: ›Colt's Patent‹.

›Colt Model Pocket‹, Modell 1849, sogenannter ›Wells-Fargo-Revolver‹.

Colt Model Pocket, 1849

Fünfschüssig, Kaliber .31, runder Abzugsbügel, kein Kugelsetzer. – Es gilt als erwiesen, daß nicht nur dieser Revolver bei Wells Fargo verwendet wurde. Die Bezeichnung ist also nicht völlig korrekt.

›Colt Model 1851 Navy‹, häufige Bezeichnung auch ›Old Model Navy‹.

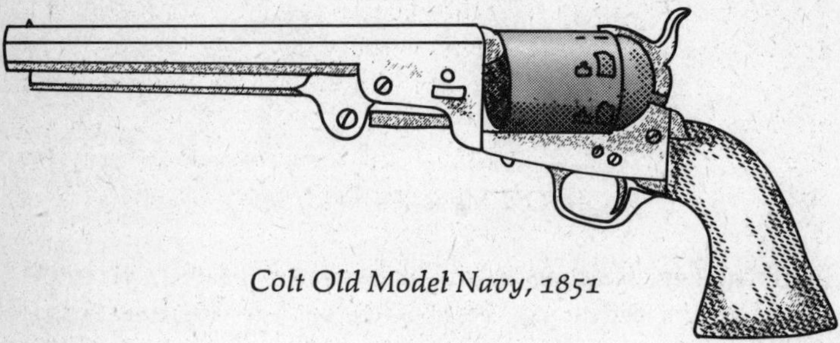

Colt Old Model Navy, 1851

Sechsschüssig, Kaliber .36, Lauflänge $7^1/_2$ Zoll, Gewicht 1 180 g. Die Rastlöcher zur Trommelarretierung sind rechteckig, zwischen Hammer und Schlagfeder arbeitet eine Rolle zur Verringerung des Reibungswiderstandes. Meist runder Abzugsbügel, Griffrahmen aus Stahl oder Messing, Kugelsetzer, Walnußgriffschalen. Lauf: ›Address Col. Sam'l Colt, New York, U. S. America‹, Trommel und Rahmen: ›Colt's Patent‹. Auf der Trommel eine Seeschlacht-Szene und ›Engaged 16, May 1843‹. Die Darstellung soll daran erinnern, daß an diesem Tag die wenigen texanischen Kriegsschiffe die zahlenmäßig überlegene mexikanische Flotte schlugen. Kommandant dieser texanischen Marine war *Edward W. Moore. Colt* war mit ihm befreundet und entschloß sich kurzerhand zu dieser Gedenkgravur, die er ungerührt auch auf alle an die Armee zu liefernden Waffen bringen ließ. – Vom Navy-Revolver wurden bis 1873, also bis zur Einführung des ›Single Action Army‹, 215 000 Stück hergestellt. Außer dem in London hergestellten Navy-Modell unterscheidet man vier Modellabstufungen. Das erste Modell (bis zur Seriennummer 1 250) hat einen hinten rechteckigen Abzugsbügel – die folgenden Navies haben einen runden Abzugsbügel. Das zweite Änderungsmodell weist geringfügige Änderungen im Bereich der Trommelachse auf, die Keilhalteschraube sitzt über dem Keil, der Griffrahmen ist grundsätzlich aus Messing. Auch beim dritten Modell (Serienbereich bis 85 000) sind die Veränderungen geringfügig und betreffen Numerierungsanordnungen und Schraubrichtungsänderungen. Die Griffrahmen der an die Marine gelieferten Navies sind jetzt allerdings aus Stahl und weisen die Zusatzstempelung U. S. N. auf. Ein Teil der Waffen wird mit Anschlagschaft geliefert. Im quantitativ größten Bereich der Endserie (bis 215 000) wird wieder einmal die Feldflasche als Anschlagschaft eingeführt, die Stempelung ›.36 cal‹ erscheint, wie auch der Zusatz ›Col‹ in der Laufadresse. *Colt* war zum Colonel der Miliz von Connecticut ernannt worden, und er legte großen Wert auf eine entsprechende Dokumentierung. Die Navy-Revolver, ob Army Navies oder Navy Navies, werden je nach Zustand, Modell und Serie in den USA zwischen $ 350,– und $ 2 300,– gehandelt. Kleinserien mit Sonderstempel (z. B. Lieferung nach Österreich) bringen für das Einzelstück natürlich höhere Preise.

›Colt Army Revolver‹, Modell 1860, auch ›New Model Army‹.

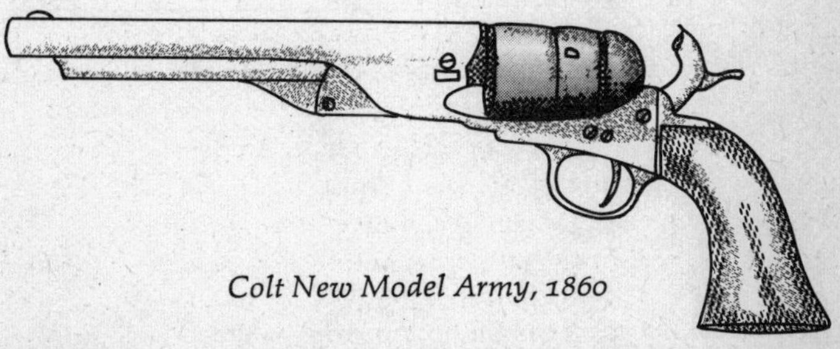

Colt New Model Army, 1860

Sechsschüssig, Kaliber .44, Lauflänge 20 cm, Gesamtlänge 36 cm, Gesamtgewicht 1 210 g, Griffrahmen Stahl, Abzugsbügel Messing, Walnußgriffschalen, Messingkorn, abgesetzte Trommel. Lauf: ›Address Sam'l Colt, Hartford, Ct.‹ oder ›Address Col. Sam'l Colt, New York, U. S. America‹. Auf der Trommel Seeschlachtszene und ›Engaged 16 May 1843‹ und ›Colt's Patent‹ und ›Patented Sept. 10th, 1850‹. Auch dieses Modell weist zahlreiche Variationen auf. So ist eine Reihe von Waffen für den Gebrauch eines Anschlagschaftes eingerichtet, ein Serienbereich hat eine gekehlte statt der abgesetzten Trommel. Bis zur Einführung des ›Single Action Army‹ wurde der ›New Model Army‹ in 400 000 Exemplaren hergestellt und somit (zusammen mit dem Navy) zur bevorzugten Faustfeuerwaffe des Sezessionskrieges (1861–1865). Viele Sammler halten diesen Revolver für die eleganteste Perkussionswaffe aus der *Colt*-Produktion. Die Preise des amerikanischen Marktes bewegen sich zwischen $ 400,– und $ 800,– für sehr gute Stücke. Wie üblich, gibt es auch von dieser Waffe Replikas. Der beste Nachbau kommt als Centennial-Modell aus Belgien.

Im Vorgriff auf die allgemeine technische Entwicklung soll der sehr geraffte Überblick über die Colt-Revolver abgeschlossen werden mit dem wohl berühmtesten aller Revolver: dem ›Single Action Army‹.

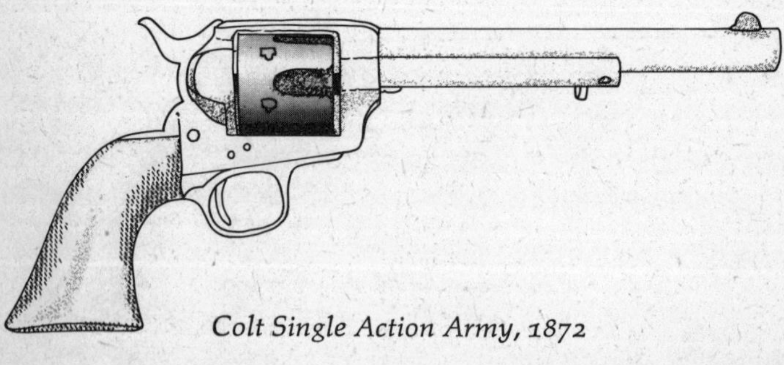

Colt Single Action Army, 1872

Das Smith-&-Wesson-Patent auf die durchbohrte Trommel für den Gebrauch von Metallpatronen war 1869 ausgelaufen. Die Colt Company kam mit Verspätung auf den Markt, obwohl die ersten Waffen bereits 1871 als Versuchsmodelle für das Heeresbeschaffungsamt hergestellt worden waren. Womöglich hatte man sich bei Colt zu lange mit Aptierungsversuchen aufgehalten, denn noch ein Jahr vor Erlöschen des Smith-&-Wesson Patentes hatte *Colt* das ›Thuer Conversion Model‹ des 51er Navy auf den Markt gebracht, wobei – völlig legal – die Trommel von vorn mit randlosen Zentralfeuerpatronen geladen wurde.
Der ›Single Action Army‹, Modell 1872, kam also erst 1873 auf den Markt. Häufig wird er auch ›Frontier Six Shooter‹ oder, noch geläufiger, ›Peacemaker‹ genannt, von den saloppen Benennungen wie Single-Six, Forty-Five, Sixgun, Equalizer u. a. einmal abgesehen. Die Waffe ist sechsschüssig, Lauflänge 19 cm, Gesamtlänge 32 cm, Kaliber .45, halbgekehlte Trommel, geschlossener Stahlrahmen, Walnuß- bzw. Hartgummigriffschalen, seitliche Ladeklappe, federgelagerter Hülsenauswerfer. Laufadresse: ›Colt's Pt. F. A. Mfg. Co. Hartford Ct. U.S.A.‹, Rahmen: ›Pat. Sept. 18, 1871, July 2, 1872‹. Die Waffe mit dem 19 cm langen Lauf, also der ›Peacemaker‹, war die Waffe der Kavallerie. Gleichzeitig wurde für die Artillerie ein Revolver mit nur 14 cm langem Lauf hergestellt, während das ›Civilian Model‹ Lauflängen von 7,5 und 10 cm aufwies. Wie üblich gab es eine Vielzahl von Varianten, die aufzuzählen hier nicht der Ort ist. Ebenso variationsreich ist das Kaliberspektrum. In den 68 Jahren seiner Herstellungszeit (bis 1940) gab es den ›Single Action Army‹ von .22 kurz bis .476 Eley in nicht weniger als 36 Kalibergrößen. Eine der wichtigsten Kaliberfestlegungen geschah im Jahr 1878, als man sich taktisch klug entschloß, den Revolver auch für die Winchester-Patrone .44–40 auszulegen, so daß für Gewehr und Revolver die gleiche Munition verwendet werden konnte. Bis 1940 wurden ungefähr 350 000 ›Single Action Armies‹ hergestellt.

Es gibt eine Reihe von Replikas auf dem Markt, aber auch Colt stellt seit 1955 die Waffe wieder her.
Eine eher kuriose Sonderform des ›Peacemaker‹ ist der ›Buntline Special‹. *Colt* hatte 1876 diesen Revolver mit 41 cm langem Lauf und Anschlagschaft als Versuchsmodell vorgestellt, und der Schriftsteller *Edward Z. C. Judson* – Pseudonym: *Ned Buntline* – hatte einige Exemplare erworben und an seinerzeit berühmte Sheriffs verschenkt, u. a. an *Bat Masterson* und an *Wyatt Earp*. Vermutlich hoffte *Buntline* sich auf diese Weise Exklusivrechte für seine Arbeit zu verschaffen. Über dreißig Exemplare sind nie hergestellt worden, aber als Waffe eines *Wyatt Earp* partizipierte der ›Buntline Special‹ natürlich am Ruhm seines Besitzers, und heute ist der Revolver als Replika wieder erhältlich.

Konkurrenzmodelle zum Colt-Revolver

Der ›Single Action Army‹ hatte für die Colt Company wieder an Boden gutgemacht, was sie seit den fünfziger Jahren durch Konkurrenzmodelle an Terrain verloren hatte. Zum Teil wurden diese Waffen in den USA hergestellt, zum großen Teil aber auch, besonders z. Z. des Bürgerkrieges, aus Europa importiert. Diese Importe gingen bevorzugt in die Südstaaten, die wegen ihrer feudalistischen Herrschaftsstruktur deutlich von den europäischen Ländern bevorzugt wurden.
Eine für *Colt* ernstzunehmende Konkurrenz stellte der 1851 von *Robert Adams* in London patentierte Adams-Revolver dar.
Der ›Adams‹ war zunächst als Abzugsspanner konzipiert, hatte einen geschlossenen Rahmen und eindrucksvolle Kalibergrößen, nämlich .44, .45 und .50. Trotz nur fünfschüssiger Trommel war die Waffe also schnell und wirkungs-

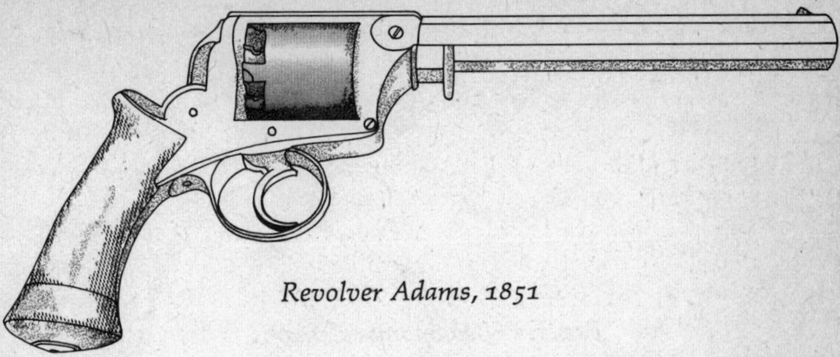

Revolver Adams, 1851

voll. Sie bewährte sich hervorragend im Krimkrieg und wurde 1855 britische Ordonnanzwaffe. Zuvor hatten jedoch zwei Nachteile dieses Revolvers beseitigt werden müssen. Die ersten Exemplare hatten keinen Kugelsetzer – erst das Modell 1855 ›Beaumont-Adams‹ wies diese notwendige Einrichtung auf. Des weiteren war der ›Adams‹ als Abzugsspanner den Single-Action-Revolvern zwar an Schnelligkeit überlegen, aber das natürlich auf Kosten der Genauigkeit. *Adams* versuchte mittels einer Sperrklinke eine Art Double-Action-Effekt zu erzielen (wie denn auch bei einigen Revolvern von *Tranter, Mangeot-Comblain, Starr* und *Dreyse* dieses Problem mehr oder weniger glücklich angegangen worden war), aber die eigentliche Lösung brachte erst ein Patent, das am 20. 2. 1855 von Hauptmann *Beaumont* angemeldet wurde: die Kombination von Single Action und Abzugsspanner, also das Double-Action-Prinzip. *Adams* erwarb sofort die Patentrechte und begann augenblicklich mit der Verbesserung des alten Modells.
Laufadresse: ›Robert Adams. 76 King William Street, London E. C.‹, Rahmen: ›Adams' Patent‹. Dieses Modell hatte also nicht mehr den Hinweis auf den Geschäftspartner *Deane*, mit dem er die Revolver der Jahre 1851–53 produziert hatte (Beschriftung: ›Deane Adams & Deane, 30 King William St. London Bridge‹). Der ›Beaumont-Adams‹ hatte

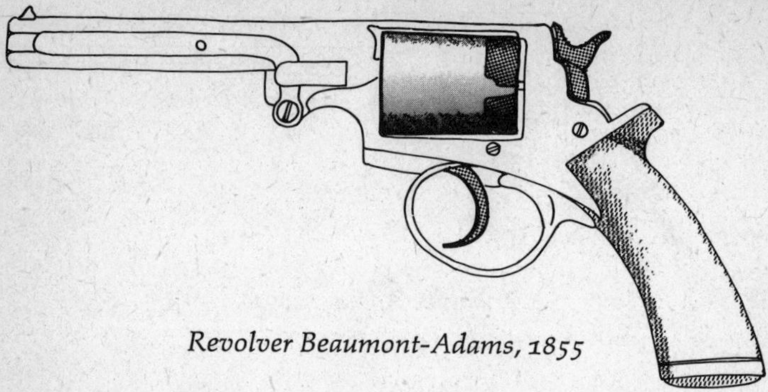

Revolver Beaumont-Adams, 1855

normalerweise einen 6-Zoll-Lauf in den Kalibern .44 oder .45. Die Waffe wurde auch im Kaliber 7 mm in Lüttich in Lizenz hergestellt. Spätere sechsschüssige ›John-Adams-Revolver‹ sind dann für Metallpatronen eingerichtet. In diesem Zusammenhang sollte noch vermerkt werden, daß auch die Perkussionsmodelle mit speziellen Metallpatronen geladen werden konnten. Ähnlich den Papierpatronen bildeten Geschoß und Treibladung eine Einheit, wobei der untere Geschoßteil und das Pulver von einer dünnen Metallfolie umschlossen waren. Der Patronenboden bestand aus Papier, das vom Feuerstrahl des Zündhütchens glatt durchschlagen wurde.
Der bereits erwähnte (ebenfalls englische) ›Tranter-Revolver‹ war im Grunde eine Lizenz des Deane-Adams-Revolvers und wurde 1853 patentiert.

Revolver Tranter, 1853

Die Waffe ist fünfschüssig im Kaliber .38 und weist als Besonderheit zwei Abzüge auf. Der äußere Abzug spannt den Hammer und besorgt die Trommelumsetzung, die Entriegelung erfolgt durch den innenliegenden Abzug. – Das Modell 1856 war ebenfalls fünfschüssig im Kaliber .32, hatte aber nur noch einen Abzug. Das Modell 1863 war siebenschüssig in den Kalibern .22 und .32, Randfeuer.
Der Revolver von *James Kerr* ist fünfschüssig im Kaliber .44.

Revolver Kerr, 1858

Die Waffe wurde kurze Zeit mit Single Action, ab 1858 jedoch mit Double Action von der London Armoury Company hergestellt. Die besonderen Kennzeichen des ›Kerr-Revolvers‹ sind das traditionelle Rückschloß mit Seitenhammer und die nach rückwärts herausragende Trommelachse.
Eine Reihe weiterer Perkussionsrevolver wurde in England von *Daw, Deane-Harding, Webley* u. a. hergestellt, auf dem Kontinent von *Devisme* und *Mangeot-Comblain*. Der ›Mangeot-Comblain‹ ist, wie einige andere (bereits genannte) Revolver durch ein Abzugssystem gekennzeichnet, das eine Art Double-Action-Effekt hervorrufen sollte. Ausgesprochen gute Perkussionsrevolver gab es zu diesem Zeitpunkt, den fünfziger und sechziger Jahren, natürlich in den USA, wo jedoch die Szene wegen des Smith-&-Wesson-Patentes auf die durchbohrte Trommel ausgesprochene Merkwürdigkeiten aufwies.

Weitere Perkussionsrevolver in den USA

Neben *Colt* mit am bekanntesten waren die Revolver von *Remington.*

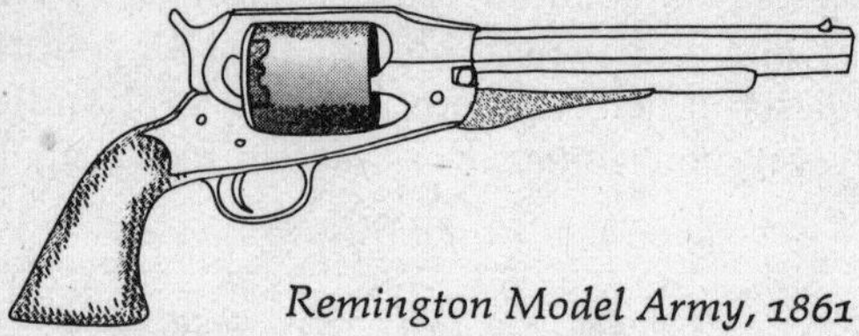

Remington Model Army, 1861

›Remington Army‹, Modell 1861, sechsschüssig, Kaliber .44, Single Action, 8-Zoll-Lauf. Beschriftung: ›Patented Dec. 17, 1861 Manufactured by Remington's Ilion N.Y.‹. Die Waffe hat einen Kugelsetzer, einen Abzugsbügel aus Messing und Walnußgriffschalen. – Mit nur 1,6 cm kürzerem Lauf wurde im Kaliber .36 das nahezu identische ›Navy-Modell‹ hergestellt. Diese beiden Modelle waren ursprünglich aus dem Remington-Beals-Army-Revolver (1858) hervorgegangen. Die Folgemodelle ›New Model Army‹ und ›New Model Navy‹ wurden zum Teil bereits auf Randfeuer umgestellt und führten, ohne größere Abweichungen in Konstruktion und Habitus, zum ›New Model Army 1875‹. Das Heeresbeschaffungsamt zog eindeutig den Colt ›Single Action Army‹ dem Remington ›New Model Army‹ vor, dennoch fand dieser Revolver weiteste Verbreitung, zumal 1879 zum ursprünglichen Kaliber .44 die sinnvollen Ergänzungen durch die Munitionsarten Winchester .44–40 und .45 Long Colt erfolgten. – In ausgezeichnetem Zustand wird das 61er Modell in den USA zwischen $ 300,– und $ 350,– gehandelt, das 75er Modell zwischen $ 350,– und $ 400,–.
Ein weiterer, in den USA zwar nur in geringen Mengen hergestellter, von der konföderierten Armee jedoch in großen Stückzahlen aus England, Frankreich und Belgien eingeführter Revolver war der ›Le Mat‹.

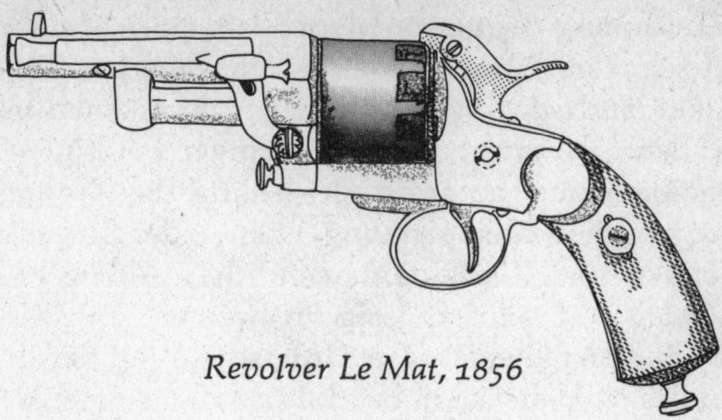

Revolver Le Mat, 1856

Der Erfinder, *Dr. François le Mat* aus New Orleans, hatte die Waffe 1856 zum Patent angemeldet. Sie besaß eine neunschüssige Trommel in den Kalibergrößen .36, .40, .42, .45 und wies als eigentliches Merkmal einen unter dem gezogenen Kugellauf liegenden kurzen Schrotlauf für den zehnten Schuß auf. Die Hammernase ist verstellbar und trifft, je nach Wahl, die Pistons der Trommel oder das Piston des Schrotlaufes. Dieser Lauf wurde normalerweise mit sehr grobem Blei geladen und brachte entsprechende Ergebnisse. Volkstümlich wurde denn auch der Name ›Kartätschen-Revolver‹ (engl. ›Grapeshot-Revolver‹). Sehr gut erhaltene Stücke werden in den USA zwischen $ 700,– und $ 750,– gehandelt.

Eine außerordentlich eigenwillige Konstruktion stellt der Perkussions-Revolver von *Savage-North* dar. Dem am meisten verbreiteten und im Bürgerkrieg in beachtlichen Stückzahlen gefertigten Modell ›Second Navy‹ gingen drei Varianten des sehr seltenen ›Figure-8‹-Modells voraus.

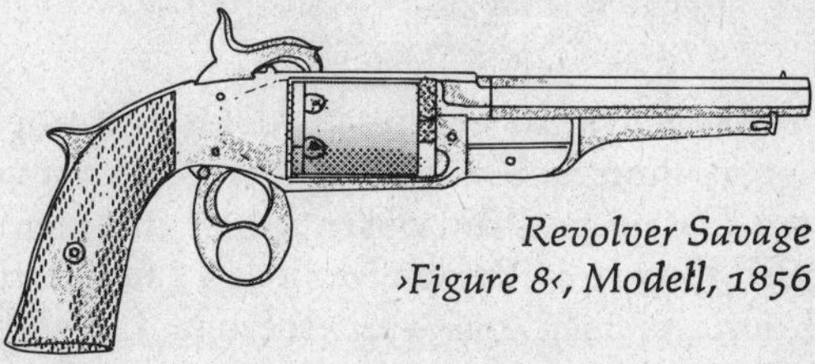

Revolver Savage
›Figure 8‹, Modell, 1856

Die Bezeichnung ›Figure-8‹-Modell leitet sich aus der Form der Abzugsvorrichtung und der umgebenden Teile her. Hier liegt auch das typische Konstruktionsmerkmal der Waffe, denn der durch den Mittelfinger betätigte Unterhebelmechanismus besorgte gleichzeitig die Trommelumsetzung und die Hahnspannung, wonach der Zeigefinger in üblicher Art und Weise den eigentlichen Abzug bediente. Das Modell war sechsschüssig im Kaliber .36, das Patent wurde 1856 angemeldet. Zur Unterscheidung der drei Varianten des Modells ist zu beachten, daß die erste Variante Messingrahmen und deutlichen Griffrückensporn aufweist, die zweite Variante hat einen Eisenrahmen, gleichen Sporn, aber eine andere Kugelsetzerhalterung, die dritte (und seltenste) Variante hat Eisenrahmen und Kugelsetzer wie Variante 2, jedoch kleineren Sporn und kürzeren Lauf (17,2 cm statt 18,3 cm). Beschriftung: ›E. Savage Middletown, Ct. H. S. North, Patented June 17, 1856‹. Der Handelswert liegt je nach Zustand und Typ zwischen $ 1 800,– und $ 2 400,– Das bei weitem häufigste Modell ist jedoch das sogenannte ›Savage Second Model Navy‹.

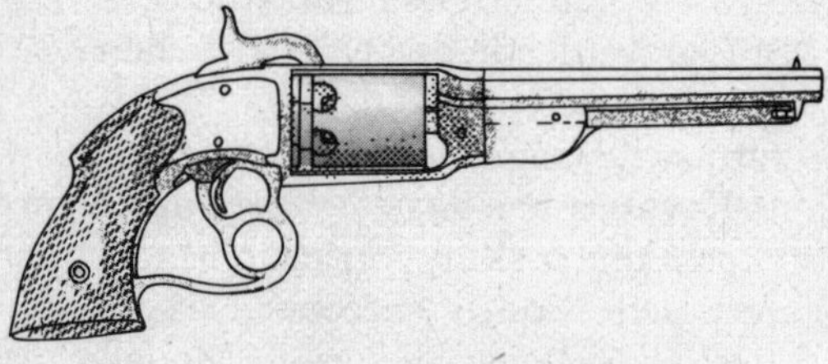

Revolver Savage Second Navy, 1860

Die Waffe ist leicht zu erkennen, denn Unterhebel und Abzug liegen innerhalb eines großen Schutzbügels. Die technischen Daten sind im wesentlichen die gleichen wie beim Modell ›Figure 8‹. Beiden Modellen gemeinsam ist ein Konstruktionsversuch zur verbesserten Gasabdichtung,

d. h., die Trommel wird unter Federdruck gegen das Laufende gepreßt. Beschriftung: ›Savage R. F. A. Co. Middletown, Ct. H. S. North, Patented June 17, 1856. Jan. 18, 1859, May 15, 1860‹. Diese Waffe kostet in den USA um $ 300,–.
In noch größeren Stückzahlen verbreitet war der ›Starr Double Action Army‹.

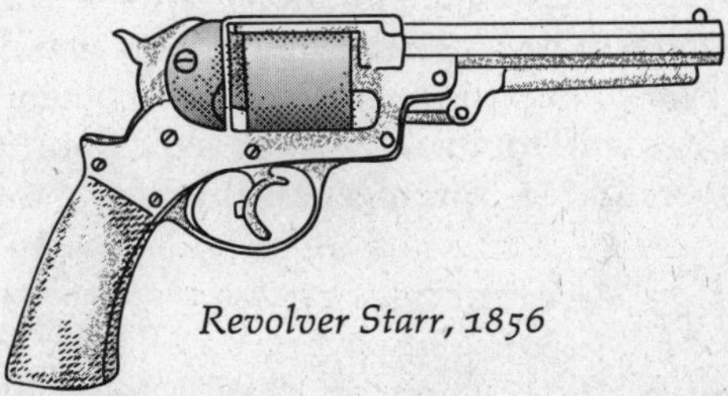

Revolver Starr, 1856

Der Revolver ist sechsschüssig, im Kaliber .44 (das Navy-Modell wie üblich im Kaliber .36), Lauflänge 15,2 cm, Gesamtlänge 29,5 cm. Rahmen ›Starr's Patent Jan. 15, 1856‹ und ›Starr Arms Co. New York‹. Er hat weiterhin einen abklappbaren Lauf, ist aber vor allem durch eine eigentümliche Abzugsvorrichtung gekennzeichnet. Was man auf den ersten Blick als Abzugshebel ansehen möchte, ist lediglich ein Spannhebel – der eigentliche Abzug liegt halbverborgen im hinteren Teil des Abzugsbügels. Hinter dem Spannhebel ist ein Schieber angebracht, und es war von der Schieberstellung ›oben‹ oder ›unten‹ abhängig, ob man mit Single Action oder Abzugsspanner schießen konnte. Steht der Schieber oben, erreicht er beim Durchziehen des Spannhebels gleichzeitig den Abzug, der Hammer schnellte nach vorn – also Prinzip Abzugsspanner. Steht der Schieber unten, erreicht er den Abzug nicht, der Hammer bleibt in Spannrast stehen – also Prinzip Single Action.

Der Wunsch nach erhöhter Feuerkraft ließ einer ganzen Anzahl von Revolverkonstrukteuren keine Ruhe, und es soll nicht verschwiegen werden, daß die Mehrzahl der Versuche bei ausgesprochenen Seltsamkeiten endete. Einsamer Höhepunkt dürfte dabei wohl die Erfindung von *Joseph Enouy* sein, bei der sieben sechsschüssige Trommeln eine Art ›Über-Trommel‹ bildeten. Die ›Waffe‹ war immerhin zweiundvierzigschüssig. – Sehr viel seriöser war die Arbeit von *John Walch,* der 1859 ein Patent auf einen Revolver anmeldete, dessen Trommel zwar nur sechs Bohrungen enthielt, der aber nichtdestoweniger zwölfschüssig war.

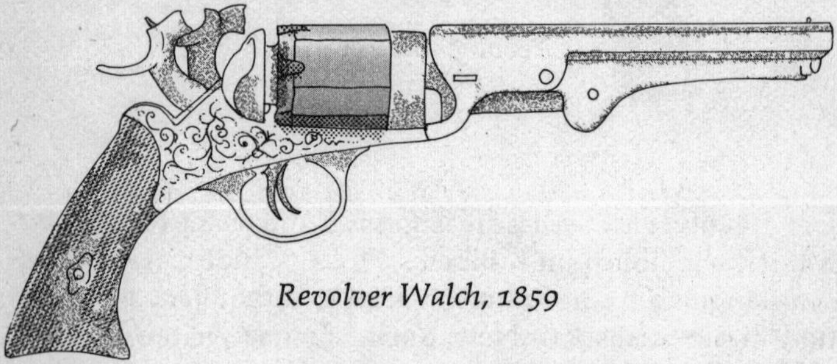

Revolver Walch, 1859

Die Waffe hat zwei Abzüge, zwei Hämmer, zwölf Pistons, und jede Kammer hat Raum für zwei übereinandergesetzte Ladungen. Lauflänge 15,2 cm, Kaliber .36, Single Action, Trommelumsetzung durch Spannen beider Hämmer. Durchziehen des rechten Abzugs bringt den rechten Hammer auf ein Piston, dessen Zündkanal durch die Trommelwandung zur vorderen Ladung verläuft. Der linke Abzug entriegelt den linken Hammer, der das Piston trifft, dessen Zündkanal ganz normal zu der vor ihm liegenden Ladung führt. Laufadresse: ›Walch Firearms Co. New York Pat. Feb. 8, 1859‹. Dieser Revolver ist gesucht und teuer, Verhandlungsbasis für sehr gute Stücke in den USA $ 2 300,–. – *Walch* stellte nach ähnlichem Prinzip (zwei Hämmer, ein Abzug) noch zehnschüssige Revolver her, die sehr viel billiger ($ 350,– bis $ 400,–, sehr guter Zustand) gehandelt werden.

Trotz der zahlreichen und auch phantasievollen Konstruktionen und trotz der (zum Teil kriegsbedingten) erstaunlichen Fertigungszahlen war dem genauen Beobachter der Szene klar, daß die Tage des Perkussionsrevolvers gezählt waren. Die Metallpatrone war bekannt, die durchbohrte Trommel war bekannt – die Waffenhersteller rüsteten sich.

Die Auswirkungen des Smith-&-Wesson-Monopols

Einer konsequenten und vor allem allgemeinen waffentechnischen Weiterentwicklung standen zu diesem Zeitpunkt allerdings patentrechtliche Schwierigkeiten entgegen. Hatte schon das Colt-Patent zu Kopien und abenteuerlichen Patentumgehungen geführt (z. B. in Form der seltenen Turmrevolver von *C. D. Allen* und *P. W. Porter:* statt der bekannten Trommel wird eine horizontal oder vertikal gelagerte Scheibe mit radial geführten Bohrungen verwendet), so hatte das Smith & Wesson-Patent, also die völlig durchbohrte Trommel, noch größere Schwierigkeiten geschaffen. Der bereits erwähnte Umgehungsversuch am ›Thuer Conversion Model‹ blieb nicht der einzige. So wurden Warzenpatronen hergestellt, die von vorn geladen wurden, aber mit einem Vorsprung des Patronenbodens in eine kleine Öffnung des Kammerbodens faßten, so daß der Hammer diesen Zündvorsprung erreichen konnte.

Die Brooklyn Arms Co. stellte den ›Slocum-Revolver‹ her.

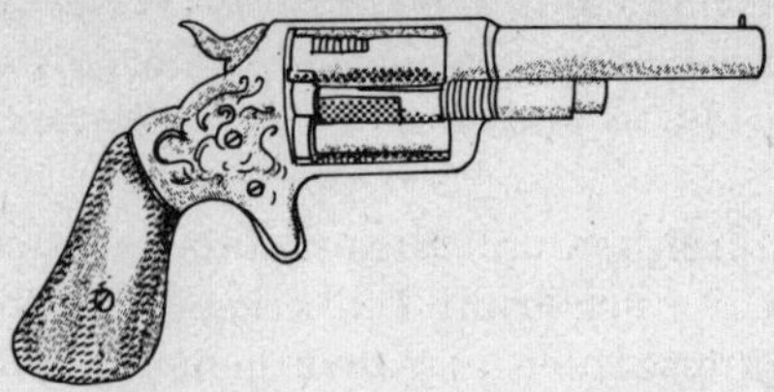

Brooklyn-Arms-Revolver, 1863

Die Waffe ist fünfschüssig im Kaliber .32. Laufadresse: ›B. A. Co. Patented April 14th 1863‹. Das kennzeichnende Merkmal des Revolvers besteht in der Längsbeweglichkeit jeder einzelnen Kammer. Bei entsprechender Trommelstellung wird dieses Kammerstück so weit nach vorn herausgeschoben, daß eine Patrone eingelegt werden kann. Das Kammerstück wird dann über die Patrone geschoben und arretiert. Der Trommelboden hat im übrigen wieder den kleinen Hammerdurchlaß.

Die Revolver von Smith & Wesson

Das Patent auf die durchbohrte Trommel gehörte nicht ursprünglich den Büchsenmachern *Horace Smith* und *Daniel B. Wesson*, sondern *Rollin White*, der es im Zusammenhang einer fragwürdigen Revolverkonstruktion 1855 angemeldet hatte. Nicht einmal *Samuel Colt* erkannte die Bedeutung dieses Details, und es kennzeichnet die Weitsicht und die Begabung der beiden Freunde, daß sie 1856 sich die alleinigen Nutzungsrechte an diesem Konstruktionsmerkmal sicherten. Während des gesamten Bürgerkrieges und darüber hinaus bis zum Jahr 1869 behielten sie ihr Monopol, und sie wußten es zu nutzen. Als 1857 das Colt-Patent auslief, brachten sie ihren ersten erfolgreichen Revolver heraus. In Europa allerdings war kurz zuvor, im

Jahr 1854, ebenfalls ein Patent auf eine durchbohrte Trommel von *Eugène Lefaucheux* angemeldet worden, und in Frankreich und England entstanden denn auch bald ernstzunehmende Konkurrenzmodelle für die Revolver von Smith & Wesson.

Die ersten Smith-&-Wesson-Revolver waren sämtlich für Randfeuerpatronen eingerichtet, wie sie in Frankreich von *Flobert* (1849) und von *Houllier* (1860) entwickelt worden waren. Die große Vielfalt der frühen Modelle von Smith & Wesson erzwingt leider eine keineswegs repräsentative Auswahl.

Das Modell ›No. 1‹ ist siebenschüssig im Kaliber .22 S & W r. f. , Single Action, Lauf hochklappbar.

Smith & Wesson, Modell ›No. 1‹

Dieses Modell wurde bis 1879 in sehr großen Stückzahlen (um 250 000) – vor allem während des Bürgerkrieges – hergestellt. Drei Varianten dieses Revolvers ›No. 1‹ liegen vor. Laufadresse: ›Smith & Wesson, Springfield, Mass.‹.

Das Modell ›No. 2, Old Model‹ wurde von 1861–71 hergestellt. Die Waffe ist sechsschüssig im Kaliber .32 r. f., Single Action.

Smith & Wesson, Modell ›No. 2‹

Der Revolver ist bedeutend robuster als die zierliche No. 1-Waffe. Die Lauflängen betragen 12,7 cm bzw. 15,2 cm (No. 1: Variante eins und zwei 8,1 cm Lauflänge, Variante drei 7,6 cm Lauflänge). Laufadresse: ›Smith & Wesson, Springfield, Mass.‹. Gelegentlich findet sich auf den frühen S&W-Modellen auch die Stempelung ›2d. quality‹. Der Revolver war niemals Ordonnanzwaffe, wurde aber im Offizierskorps häufig getragen, so daß er mitunter auch ›No. 2 Army‹ genannt wird.
Zu erwähnen ist noch, daß es fünfschüssige Zwischenstufen gibt, u. a. das sogenannte ›Model 1½ Old Model‹ und das ›Model 1½ New Model‹. Die Waffen wurden von 1865 bis 1875 im Kaliber .32 r. f. hergestellt, haben zumeist 9 cm lange Läufe und gegenüber den Varianten des Modells No. 1 etwas veränderte Patentdaten. Hier sollte im Einzelfall Spezialliteratur über die S&W-Revolver zu Rate gezogen werden, zumal 1869 noch kurzfristig ein Übergangsmodell vom ›1½ Old Model‹ zum ›1½ New Model‹ herauskam.
Mit einem ebenfalls eindrucksvollen Spektrum kann das ›Model No. 3‹ aufwarten. Die erste und zweite Variante des ›No. 3 Model American‹ weichen kaum voneinander ab. Zeitraum 1869–1873, sechsschüssig, Single Action, Kaliber .44 Zentralfeuer. Lauflänge 20,3 cm, Gesamtlänge 34 cm, Kipplauf mit Auswerferstern. – Aufbauend auf dieses Modell haben besonders die Modelle ›Old Model‹ und ›New Model Russian‹ Bedeutung erlangt.

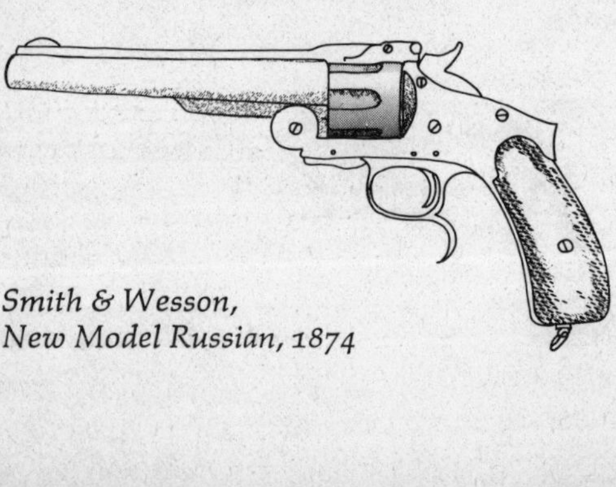

Smith & Wesson,
New Model Russian, 1874

Die Waffen sind nahezu identisch: Sechsschüssig im Kaliber .44 ›S&W-Russian‹, Single Action. Eine Reihe von Waffen wurde an Spanien, Japan, Rußland und die Türkei geliefert (das türkische Modell ist für .44 Randfeuer eingerichtet), und das ›New Model Russian‹ wurde eine Zeitlang von der Firma *Ludwig Loewe & Co.*, Berlin, für Rußland hergestellt. Wegen seiner hervorragenden Funktion und Schußleistung war dieser Revolver über die Jahrhundertwende hinaus als Scheibenwaffe beliebt.
Von besonderer Bedeutung innerhalb der frühen S & W-Revolver war das ›Schofield Model‹, so benannt nach den Verbesserungen, die Oberst *Schofield* am Modell No. 3 vornahm.

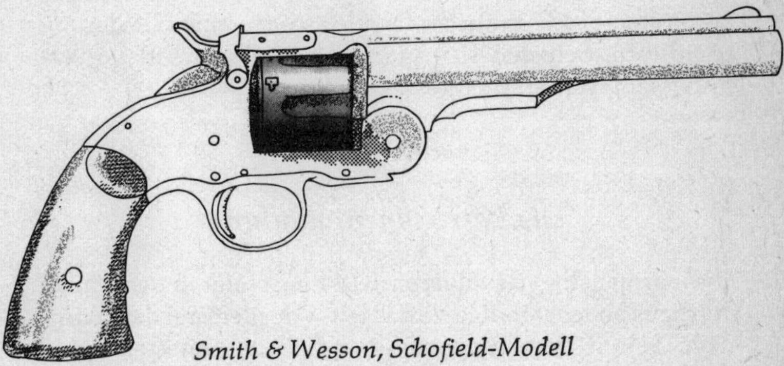

Smith & Wesson, Schofield-Modell

Die Veränderungen betreffen vor allem das Verriegelungssystem zwischen Laufschiene und Rahmen und auch die Lauflängen. Merkmale der Waffen: Sechsschüssig im Kaliber .45 S&W, Single Action, Lauflänge 18 cm, Gesamtlänge 32 cm. Laufadresse: ›Smith & Wesson, Springfield, Mass., U.S.A., Pat. Jan. 17th & 24th, '65, July 11th, '65, Aug. 24th, '69, July 25th, '71‹ und ›Schofield's Pat. Apr. 22nd,

'73‹. Die Waffe war sehr robust, dennoch übernahm die Armee nur 9 000 Stück. Auf dem Griff dieser Waffen findet sich die Militärkennung ›U. S.‹. Auch die Wells Fargo Company und die American Express Company führten diesen Revolver, allerdings mit 12,7 cm Lauflänge. Auf dem US-Markt liegen die Preise für sehr gute Stücke je nach Typ zwischen $ 300,– und $ 450,–.
Diese Kurzdarstellung einiger früher Smith-&-Wesson-Revolver soll für den Rahmen dieser Übersicht ausreichen. Vollzähligkeit und Vollständigkeit können an diesem Punkt nur (vorhandene) Monographien erreichen. Als 1869 mit Erlöschen des Smith-&-Wesson-Patentes schlagartig der Markt mit nahezu konstruktionsidentischen Modellen überflutet wird, gerät in bezug auf die Vielfalt der Fabrikate die Überschaubarkeit vollends in Gefahr, wohingegen die Systeme sich angleichen und insofern eine Gliederung erleichtern. Seit den siebziger Jahren liegt das Revolverprinzip im wesentlichen fest.

Die Patronenentwicklung

Die europäische Revolverentwicklung zeigt indes einige durchaus bodenständige Varianten. Vor allem auf dem wichtigen Sektor der Munitionsversuche war Frankreich eine Zeitlang führend, und neben den schon erwähnten Entwicklungen von *Flobert* und *Houllier* sind besonders die ersten Zentralfeuerpatronen von *Pottet* (1855) und von *Schneider* (1858) zu nennen, die in England von Oberst *Edward M. Boxer* 1866 mit einem verbesserten und noch heute (vor allem in den USA) verwendeten Zündsystem zum Patent angemeldet wurden. Im gleichen Jahr ließ in den USA *Hiram Berdan* sein Zündsystem patentieren, das heute kurioserweise vorwiegend in Europa verbreitet ist und von den Wiederladern gar nicht so gerne gesehen wird.

Das Lefaucheux-System

Ein Zündsystem, das weltweite Bedeutung erlangte, ging ebenfalls von Frankreich aus: die ›Stiftzündung‹ von *Lefaucheux*. Aus der Patrone ragt seitlich am Patronenboden ein Stift heraus. An der Ladeklappe wird die Patrone so in die Trommel eingeführt, daß der Stift in einen Einschnitt der Trommelwand zu liegen kommt und nach außen zeigt. Beim Schuß treibt die Hammernase diesen Stift in das Patroneninnere bzw. in die dort plazierte Zündmasse. Die Patrone wurde bereits 1835 von *Casimir Lefaucheux* zum Patent angemeldet, hatte aber zunächst noch Pappwicklung und nur ein Bodenstück aus Messing. 1845 brachte er eine Stiftfeuer-Version des Mariette-Revolvers auf den Markt, aber erst am 15. April 1854 meldete sein Sohn *Eugène Lefaucheux* die Waffe an, die der Prototyp der vielen Hunderttausend Lefaucheux-Revolver werden sollte. Er selbst und *Houllier* hatten die Patrone inzwischen wesentlich verbessert. Es war eine (womöglich sogar die erste) selbstabdichtende Ganzmetallpatrone mit eingesetztem Geschoß, Kupferhülse, Schwarzpulver, Zündsatz und Zündstift. Ein Nachteil dieser Munition bestand allerdings in der großen Schlag- und Stoßempfindlichkeit, und die zu allen Zeiten heiklen Munitionstransporte gestalteten sich mit dieser Patrone besonders abwechslungsreich.

Das erste Modell von 1854 war im Prinzip schon so konstruiert wie alle folgenden.

Lefaucheux-Revolver, 1854

Offener Rahmen, Ladeklappe, Patronenausstoßer. Single Action (später auch Double Action), sechsschüssige Trommel im Kaliber 12 mm bei 16 cm langem Lauf. Laufadresse: ›Invor. E. Lefaucheux Breveté Paris‹. Das Marinemodell von 1858 (Armeemodell: 1863) wurde in St. Etienne hergestellt und hat als Laufadresse meist ›M're Imp'ale de S. Etienne‹.

Die Revolver von *Lefaucheux* setzten sich sehr schnell durch, zumal auf der Weltausstellung 1867 ja nicht einmal *Colt* mit einem Hinterlader aufwarten konnte. Im amerikanischen Bürgerkrieg wurde der Revolver denn auch in großen Stückzahlen für die Unionstruppen eingeführt (bekannt unter den Modellbezeichnungen ›French Navy‹ und ›French Dragoon‹), und in sämtlichen skandinavischen Ländern wurde er Ordonnanzwaffe. – Für den zivilen Markt entstand eine kaum noch überschaubare Vielfalt von Modellen in allen vorstellbaren Kalibern und Ausführungen bis hin zu vierundzwanzigschüssigen Waffen.

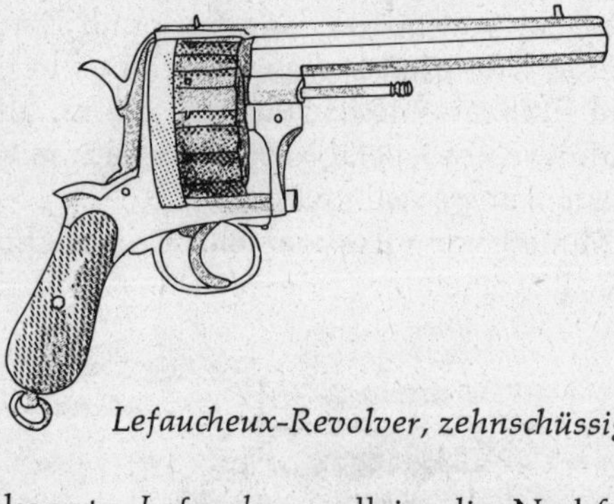

Lefaucheux-Revolver, zehnschüssig

Natürlich konnte *Lefaucheux* allein die Nachfrage nicht befriedigen, und er arrangierte Lizenzherstellungen in Lüttich. Diese Waffen waren billiger als seine eigenen und weisen als Kennung oft nur Händlernamen und Kontrollstempel des importierenden Landes auf. Zusätzlich lief in

Belgien auch eine unlizenzierte, folglich umfangreiche Produktion von Revolvern mit Lefaucheux-System. Die Qualität war miserabel, und die Erzeugnisse zeichneten sich eher durch Wundersamkeit als durch Wirksamkeit aus. Hier wurde der berüchtigte Radfahrer-Revolver geboren, und von hier stammt auch die Revolververachtung unserer Großväter.

Seit den sechziger Jahren lag trotz des Lefaucheux-Systems die Tendenz zur Zentralfeuerpatrone deutlich vor Augen. Viele bewährte Perkussions- oder Stiftfeuermodelle wurden auf diese Patronen umgestellt, und zusammen mit den neuentwickelten Modellen repräsentieren diese Waffen im Grunde genommen bereits den Typ des modernen Revolvers, zumal, gewissermaßen als letzte Feinheit, bei Colt die ausschwenkbare Trommel schon 1889 in Serie ging.

Umwege der Revolverentwicklung

Bevor die wichtigsten ›normalen‹ Revolver des letzten Jahrhundertviertels vorgestellt werden, soll noch auf einige ungewöhnliche Modelle hingewiesen sein. Gemeint sind dabei keineswegs so skurrile Dinge wie die Kettenrevolver oder wie die in den siebziger Jahren patentierten Waffen von *Philip* und *Orr*, die zwei oder drei hintereinandergelagerte Trommeln aufweisen. Gemeint sind vielmehr Waffen, die bei sehr unorthodoxer Konstruktion sich einer gewissen Beliebtheit erfreuten.

Da wäre auf den ›Zündnadelrevolver‹ von *Dreyse* hinzuweisen.

Die Waffe ist sechsschüssig, Kaliber knapp 9 mm, Abzugsspanner. *Dreyse* hat für diesen Revolver Konstruktionselemente seines Zündnadelgewehrs übernommen. Die papiergewickelte Patrone enthält als Bestandteile das in den Pappspiegel eingepreßte Geschoß, unmittelbar darunter den Treibsatz. Eine lange Zündnadel mußte erst diesen

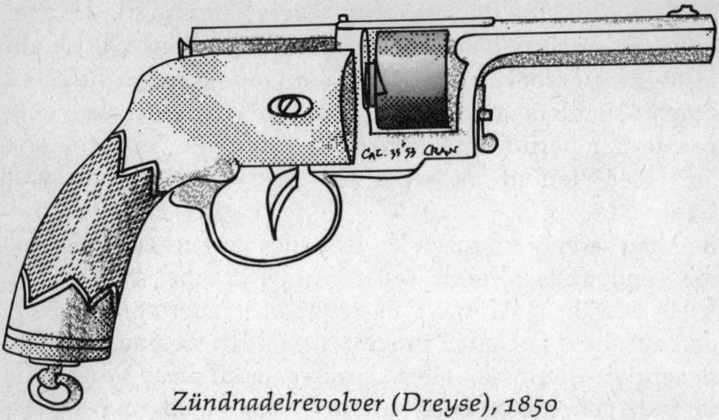

Zündnadelrevolver (Dreyse), 1850

Treibsatz durchstoßen, um die Zündpille zur Explosion zu bringen. Der Revolver ist relativ selten, wurde jedoch seit 1850 über einen Zeitraum von fast 30 Jahren hergestellt. *Dreyse* stellte noch einen achtschüssigen Revolver in größerem Kaliber her, der vor dem Griff einen langen Spannhebel aufwies. – Rahmenbeschriftung: ›F. Dreyse Sömmerda‹ und Kaliberangaben.

Eine Waffe, die man erst nach genauerem Hinsehen den Revolvern zuordnen kann, ist der 1883 von *Jacques Turbiaux* zum Patent angemeldete ›Protector‹.

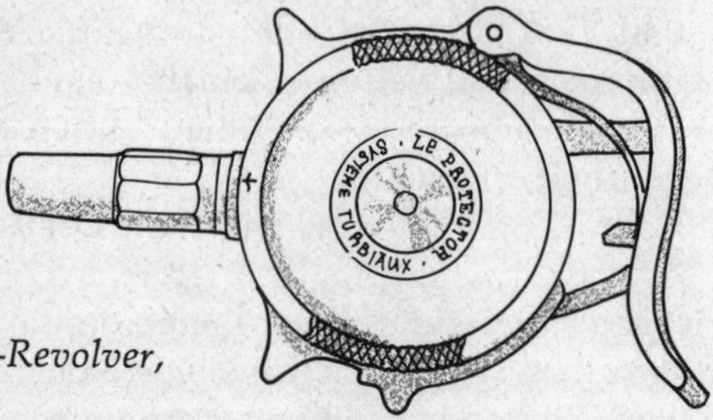

Turbiaux-Revolver, 1883

Zum Schießen wird der Lauf zwischen Mittel- und Zeigefinger gebracht, und mit dem Handballen betätigt der Schütze den Spannhebel, der, nach dem Prinzip des Abzugs-

spanners, gleichzeitig die Entriegelung des Schlagstückes und die Trommelumsetzung besorgt. Die vom Gehäuse völlig verdeckte Trommel ist (wie bei den Turmrevolvern) mit radial verlaufenden Bohrungen versehen. Geladen wird vom ausgesparten Trommelmittelpunkt aus.
Turbiaux hatte das Patent in den USA, in Frankreich, Belgien, England und Italien angemeldet. In den USA, wo die Waffe auch unter der Bezeichnung ›palm pistol‹ und ›squeezer‹ bekannt war, sind zwei identische Modelle am geläufigsten. Sowohl die ›Chicago Fire Arms Co., Chicago Ill.‹ als auch die ›Minn. Fire Arms Co.‹ brachten ihre Modelle unter der Bezeichnung ›The Protector‹ und unter Angabe der Patentdaten heraus. Die Waffen waren siebenschüssig im Kaliber .32 Zentralfeuer. In der französischen Fertigung (›Le Protector Système Turbiaux Breveté, S. G. D. C. En France & l'Etranger‹) gab es auch ein zehnschüssiges Modell bei entsprechend kleinerem Kaliber (etwa 6 mm). – Die Waffen wurden bis etwa 1900 gefertigt und sind zwar selten, aber zumindest auf dem amerikanischen Markt mit $ 250,– für sehr gute Stücke noch in diskutablen Preisregionen.

Standardformen europäischer Revolver

Aus dem breiten Fächer der europäischen Revolver im letzten Viertel des 19. Jahrhunderts seien stellvertretend nur noch wenige markante Modelle herausgegriffen. In England waren als Armeewaffen besonders die Erzeugnisse der Firmen *Enfield* und *Webley* in den Vordergrund getreten. Das Kipplaufsystem des ›Webley‹ in seinen verschiedenen Varianten war 1889 entscheidend durch einen Bügelverschluß (statt des Querriegelverschlusses) verbessert worden. Auf Grundlage dieser Waffe konstruierte *Webley* 1901 bei Verwendung des Fosbery-Patentes aus den Jahren 1895, 1896, 1898 den ›Webley-Fosbery Automatic Revolver‹.

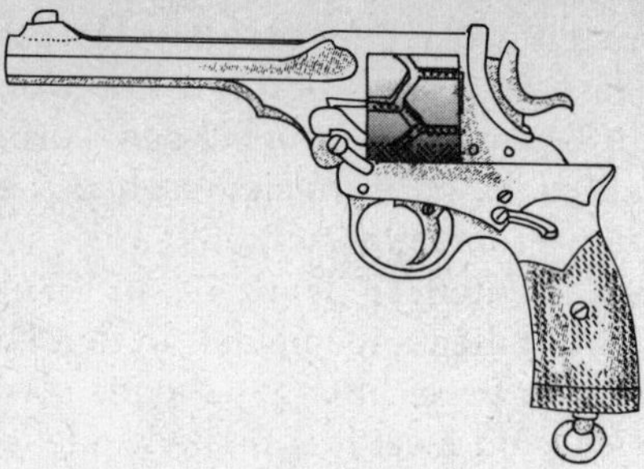

Revolver Webley-Fosbery, 1901

Die Bezeichnung ›automatisch‹ ist irreführend, denn der Revolver nutzte lediglich die Rückstoßenergie zur Trommelumsetzung und zur Hammerspannung. Das gesamte Oberteil der Waffe, also Lauf, Rahmen, Trommel und Schloß, läuft im Augenblick des Schusses gegen Federkraft im Griffteil einen kurzen Weg zurück, wobei der Hammer gespannt und die mit schrägen Führungsnuten versehene Trommel mittels eines starren Zapfens umgesetzt wird. Der Mechanismus funktioniert in aller Regel leider nur dann, wenn mit völlig ausgestrecktem Arm geschossen wird, da lockere, d. h. federnde Armhaltung nicht genug Rückstoßenergie für den Rücklauf übrigläßt. – Der Revolver ist sechsschüssig im Kaliber .455, hat Kipplauf und sternförmigen Hülsenauswerfer. Laufadresse: ›P. Webley & Son. London & Birmingham‹, Rahmen: ›Webley Fosbery‹ und Kaliberangabe.
Der Revolver *Chamelot-Delvigne* wurde 1873 in die französische Armee eingeführt.
Die Waffe ist sechsschüssig, Double Action, Kaliber 11 mm. Sie hat einen rechtsseitig gelagerten Hülsenausstoßer und eine nach hinten schwenkbare Ladeklappe. Beschriftung Rahmen: ›M're d'Armes St. Etienne‹, Lauf: ›M'le 1873‹. *Bock-Weigel* weist darauf hin, daß das Schloß des ›Chamelot-Delvigne‹ vom Schloß des ›Allen-Bündelrevolvers‹ und

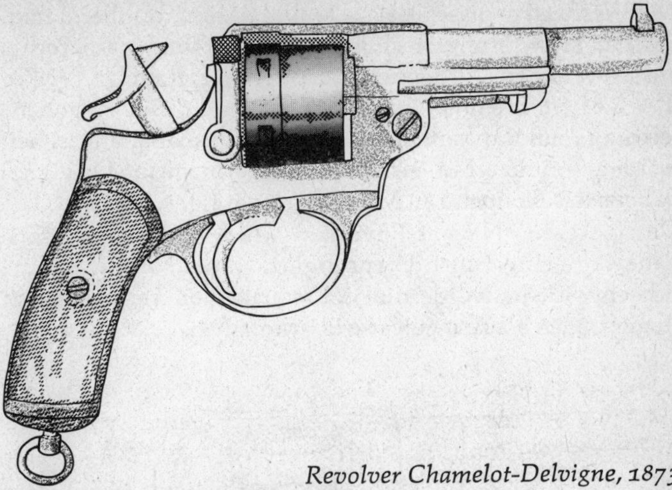

Revolver Chamelot-Delvigne, 1873

des ›Chaineux-Revolvers‹ abzuleiten ist und daß *Smith & Wesson, Colt, Iver Johnson* u. a. diese Konstruktion für einige Modelle aufgegriffen haben.
Im Jahr 1892 führte die französische Armee den ›Lebel-Revolver‹ ein.

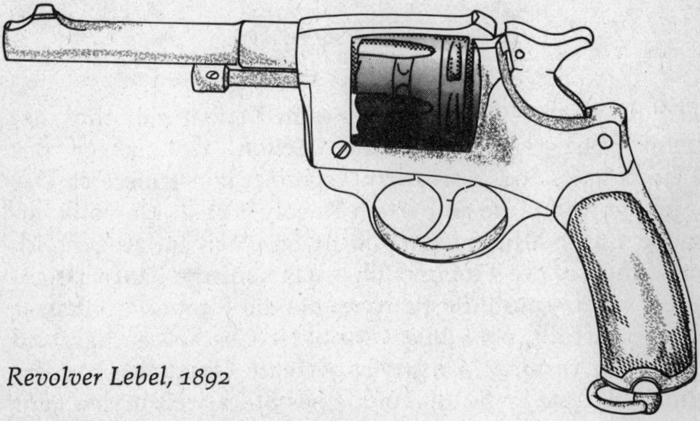

Revolver Lebel, 1892

Die Waffe ist sechsschüssig, Double Action, Kaliber 8 mm. Sie hat sternförmigen Hülsenauswerfer und nach rechts ausschwenkbare Trommel. Beschriftung Rahmen: ›M're d'Armes St. Etienne‹, Lauf: ›St. Etienne‹. Die Patronenleistung muß mit kaum 21 mkg wohl als mäßig angesehen werden – immerhin erbrachte der ›Chamelot-Delvigne‹ nahezu das Doppelte an Mündungsenergie.
Der russische ›Nagant-Revolver‹ wurde 1895 als Ordonnanzwaffe eingeführt. Ursprünglich von *E. Nagant* in Lüttich entwickelt, wurde die Waffe bald von verschiedenen Regierungen als Armeewaffe übernommen.

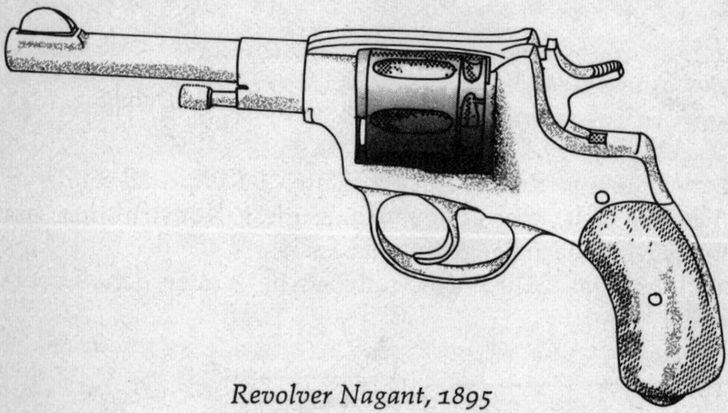

Revolver Nagant, 1895

Der Revolver ist siebenschüssig im Kaliber 7,62 mm, hat beim Offiziersmodell Double Action, wohingegen das Mannschaftsmodell als Abzugsspanner konstruiert ist. Das Außergewöhnliche an diesem Revolver stellt die vollkommene Gasabdichtung dar. Nicht nur, daß im Augenblick des Schusses die Trommel über das konische Laufende gepreßt wird – auch die Patrone, die die Kammer in ganzer Länge ausfüllt, ein völlig versenktes Geschoß enthält und sich vorn verjüngt, sorgt für perfekte Gasabdichtung dadurch, daß sie im Schuß ein kleines Stück weit in den Lauf hineinragt, wobei der Hülsenmund vom Geschoß an die Laufwandung gepreßt wird. Der Revolver wurde wegen seiner Robustheit und wegen seines außerordentlich weichen Schloßganges bis in den Zweiten Weltkrieg hinein in der russischen Armee geführt. Die Beschriftung richtet sich danach, ob die Waffe in Lüttich oder Tula bzw. vor oder nach 1917 hergestellt wurde.

Deutsche Revolver

In Deutschland, wo schon vor 1900 richtungsweisende Entwicklungen auf dem Gebiet der Selbstladepistolen sichtbar wurden, hatten doch noch in den siebziger und achtziger Jahren zwei wichtige Revolvertypen von sich reden gemacht. Einer dieser Revolver wurde von den Brüdern *Wilhelm* und *Paul Mauser* in Oberndorf hergestellt. In offizieller Bezeichnung hieß dieser Revolver ›Mauser C 78‹, viel geläufiger ist hingegen die Bezeichnung ›Zick-Zack-Revolver‹.

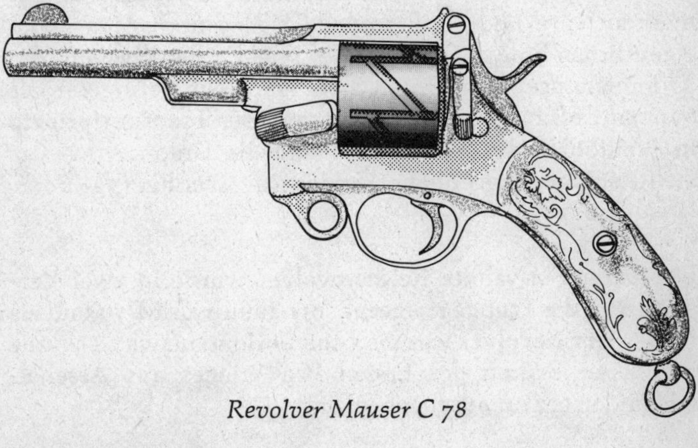

Revolver Mauser C 78

Der C 78 ist eine sechsschüssige Kipplaufwaffe, Single Action, Kaliber 10,6 mm. Der Trommeltransport erfolgt nicht über einen Umsetzerstern, sondern mittels schräg angelegter Nuten im Trommelmantel, in die von unten beim Zurücklegen des Hammers ein längsbeweglicher Dorn greift und die Umsetzung besorgt. Die Waffe besitzt ferner Sicherung und sternförmigen Hülsenauswerfer. – *Mauser* stellte auch systemidentische Revolver in den Kalibern 7,6 mm und 9 mm her, die natürlich geringere Abmessungen aufweisen. Ferner wurde ein Modell mit starrem Rahmen gefertigt, und beide Varianten, also der großkalibrige Kipplaufrevolver und auch der Revolver mit starrem Rahmen, wurden von *Mauser* zur Armeewaffe vorgeschlagen. Ohne Erfolg, wie wir wissen, denn der Revolver ›M/79‹, der sogenannte ›Reichsrevolver‹ der Spandauer Militärkommission, wurde vorgezogen. Viele Experten sind auch heute noch der Meinung, daß diese Entscheidung falsch war, daß also der C 78 die bessere Konstruktion war. Wie dem auch sei, feststeht, daß die Bevorzugung des M/79 den C 78 zur Rarität werden ließ, denn die Mauserwerke stellten den Revolver nur noch wenige Jahre lang her. Beschriftung auf Lauf oder Rahmen: ›Gebr. Mauser & Cie, Oberndorf A/N‹ oder ›Waffenfabrik Mauser, Oberndorf A/Neckar‹. Anzumerken wäre noch, daß weder *Fosbery* noch *Mauser* im eigentlichen Sinn als Erfinder des Nut-Zapfen-Systems der Trommelumsetzung gelten können. Kein geringerer als *Samuel Colt* hatte sich schon 1853 dieses Transportprinzip in London patentieren lassen, und die Union Arms Co. stellte später einen entsprechenden Revolver her (vgl. *Bock-Weigel*, S. 55).

Der bereits erwähnte Reichsrevolver wurde in zwei Versionen an die Truppe ausgegeben, nämlich als M/79 und als M/83. Der Revolver war bis 1908 Ordonnanzwaffe, wurde jedoch zu Beginn des Ersten Weltkrieges aus Arsenalbeständen erneut ausgegeben.

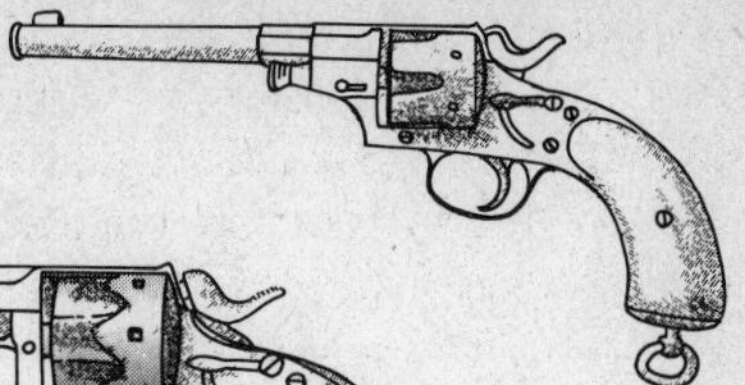

Revolver M/79,
sog. Reichsrevolver

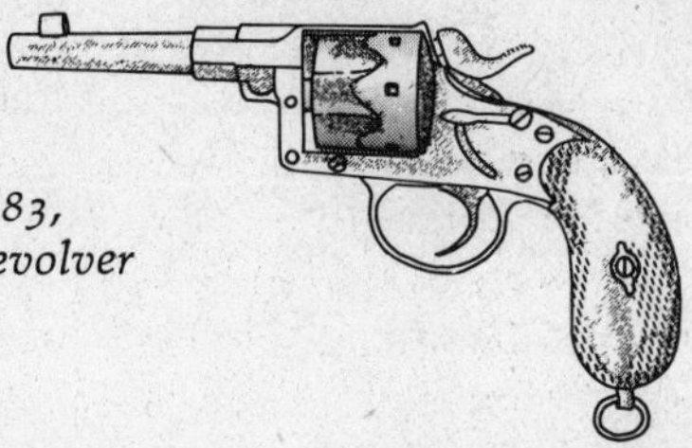

Revolver M/83,
sog. Reichsrevolver

Die Waffen unterscheiden sich durch die Lauflängen (M/79 18 cm, M/83 11,7 cm) und dadurch daß der M/79 eine gestauchte Mündung hat. Ansonsten sind beide Revolver sechsschüssig, haben Single Action, Kaliber 10,6 mm (Mündungsenergie 38,0 mkg). Sie haben ferner Sicherung und separaten Hülsenausstoßer. Gelegentlich findet sich der M/83 auch mit Double Action als Zivilwaffe, wie denn überhaupt eine ganze Reihe den Armeemodellen stark angenäherter Revolver in Belgien hergestellt wurde.

Die Pistole im 19. Jahrhundert

Die Stellung des Revolvers war noch unangetastet, als etwa ab 1850 erste Versuche in Richtung auf die Repetierpistole, später dann auf die Selbstladepistole unternommen wurden. Der Wunsch nach noch größerer Feuerkraft war sicher das treibende Entwicklungsmoment, und so wurde denn auch die nur kurze Ära der mehrläufigen Hinterladerpistole ganz konsequent abgelöst von den Magazinwaffen.

Die mehrläufigen Hinterladerpistolen

Unter den mehrläufigen Waffen im Gefolge der Deringer-Pistolen ist wohl an erster Stelle die *Sharps* von 1859 zu nennen. In der Literatur finden sich bei diesem Waffentyp – also auch bei Folgemodellen – immer wieder Zuordnungsschwierigkeiten. Von ›Bündelrevolver‹ bis ›Derringer‹ oder schlicht ›Pistole‹ reicht die Bezeichnungsskala, und so müßig es ist, in diesen Streit einzugreifen, so deutlich muß aber auch gesagt werden, daß die beiden ersten Bezeichnungen dem Laien falsche Assoziationen vermitteln und oberbegrifflich nicht stimmen, daß also ›Pistole‹ wohl noch die unverfänglichste Benennung ist.
Ein Kennzeichen der ›Sharps-Pistole‹ ist ein vierrohriges Laufbündel, das längsbeweglich auf den Rahmen montiert ist.

Sharps-Pistole, 1859

Wird der im vorderen Rahmenteil angebrachte Knopf gedrückt, läßt sich das Laufbündel zum Laden und Entladen nach vorn ziehen. Charakteristisch ist ferner der Zündmechanismus. Der Hammer hat an seiner Spitze nämlich ein beweglich gelagertes, mit exzentrisch angebrachtem Schlagbolzen versehenes scheibenförmiges Schlagstück. Dieses Schlagstück hat Rasten, in die ein Umsetzer faßt und pro Hammerspannung eine Viertelumdrehung des Schlagstückes besorgt. – Die Sharps liegt in den Kalibern .22, .30, .32 vor, die Lauflängen reichen von 6,4 cm bis 8,9 cm. Beschriftungen: ›C. Sharps Patent. 1859‹ oder ›Address Sharps & Hankins, Philadelphia, Pa.‹ und ›C. Charps Patent, Jan. 25, 1859‹. In den USA liegen die Preise je nach Modell bei maximal $ 250,–.
Die ›Sharps‹ war sehr beliebt und wurde in verschiedenen Varianten nachgebaut. In den USA waren es vor allem die Modelle von *Starr* und *Remington-Elliot*. Die ›Starr‹ war für die Kaliber .32 und .41 ausgelegt, hatte Messingrahmen und Kipplaufprinzip. Hergestellt wurde die Waffe von der ›Starr Arms Co., New York‹. Beschriftung: ›Starr's Patent May 10 1864‹.
Die ›Remington-Elliot‹ ist erkennbar am hochklappbaren Laufbündel – im Kaliber .22 auch fünfläufig – und am Ringabzug (Abzugsspanner). Beschriftung: ›Manufactured by E. Remington & Son, Ilion. N.Y.‹ und ›Elliot's Patent May 29, 1860 – Oct. 1, 1861‹. In ganz anderer Version gab es die ›Remington-Elliot‹ allerdings auch mit abschraubbarem Laufbündel. In vielen europäischen Ländern wurden Pistolen vom ›Sharps‹-Typ nachgebaut. In Österreich stellten *Maurer, Grünbaum* und *Biedermann* diese Waffe her, und besonders die ›Biedermann-Pistole‹ (›M. Biedermann Patente.‹) mit Kipplauf und Querriegelverschluß erfreute sich einer gewissen Beliebtheit.
Von 1866 bis 1935 stellte Remington eine der bekanntesten zweiläufigen Pistolen her, den sogenannten ›Double Derringer‹.

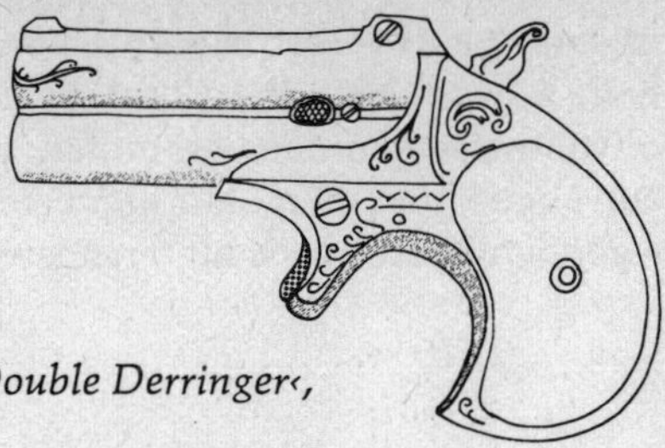

Remington ›Double Derringer‹, 1865

Die übereinanderliegenden 7,6 cm langen Läufe sind im Kaliber .41 ausgelegt und werden zum Laden nach oben abgeklappt. Das Patent wurde 1865 von *William H. Elliot* angemeldet. Beschriftung: ›Remington Arms Co.‹ bzw. ›Remington Arms – U. M. C. Co.‹ und ›Elliot's Patent Dec. 12, 1865‹. – Andere Firmen, unter anderem auch *Colt,* stellten eine Reihe von z. T. nur einläufigen, aber zumeist großkalibrigen Pistolen, ebenfalls in Anlehnung und Nachfolge zur originalen Deringer, her.
Zu den mehrläufigen Hinterladerpistolen ist schließlich auch die von *Schüler* konstruierte ›Reformpistole› zu zählen.

sog. Reformpistole

Die Waffe hat vier übereinanderliegende Läufe im Kaliber 6,35 mm. Pro Abzugsbewegung wird der Laufblock um eine Laufhöhe angehoben, so daß der jeweils geladene Lauf vor den Hammer kommt. Die Eigentümlichkeit der Pistole macht die Verwendung des Gasdrucks zum Auswerfen der Hülsen aus. Kurz vor der Mündung sind die Läufe nämlich durch eine Bohrung miteinander verbunden, und der Gasdruck im gerade abgeschossenen Lauf kann somit die Hülse des darüberliegenden Laufes nach hinten auswerfen.

Die Repetierpistolen

Eine weitere Stufe in der Pistolenentwicklung stellen die ›Repetierwaffen‹ dar. Sie verfügen über eine Speicherungseinrichtung für Patronen, können jedoch noch nicht die Rückstoßkraft für den nächsten Schuß ausnutzen. Natürlich war die Idee des Repetiermechanismus nicht neu. Seit dem 17. Jahrhundert, seit *Peter Kalthoff* aus Solingen mittels Schwenkbewegung des Abzugbügels Pulver und Blei aus zwei getrennten Magazinen in die Kammer brachte und damit eine hervorragende (und oft nachgebaute) Konstruktion geschaffen hatte, seit jener Zeit also wurde an Repetiersystemen gearbeitet. Der Kostenaufwand einerseits und die übermäßige Verkrustung durch Pulverrückstände in der empfindlichen Mechanik andererseits verhinderten eine größere Verbreitung dieser Waffen. Auch die Zeit der Perkussionszündung mußte noch vorübergehen, ehe erneut – und erfolgreich – eine Repetierpistole hergestellt wurde.
Die erste Waffe mit einem Röhrenmagazin unter dem Lauf wurde als Erfindung von *Walter Hunt* 1849 in den USA patentiert. Es handelte sich um ein Gewehr mit der Bezeichnung ›Volitional Repeater‹, und *Hunt* entwickelte auch gleich die passende Munition dazu, nämlich Geschosse, die in einer Höhlung Zünd- und Treibsatz enthielten, also selbsttreibend waren. In einer langen und verwickelten Patentwanderung gelangte die Idee zu den Herren *Henry* und *Winchester* – mit allseits bekanntem Ergebnis. Zuvor jedoch hatten die Büchsenmacher *Smith* und *Wesson* das

Patent verbessert. Im Jahre 1854 meldeten sie ihr Patent an und begannen in der ›Smith & Wesson Company‹ in Norwich, Connecticut, eine Repetierpistole zu produzieren.

Volcanic-Repetierpistole, 1854

Vereinfacht ausgedrückt handelt es sich bei dieser Waffe um einen Unterhebel-Repetierer. Der Nachteil dieser ansonsten sauber gearbeiteten Pistole liegt auf der Hand, oder, anders gesagt, was beim Gewehr nicht störte, behinderte bei der Pistole: Man benötigte die zweite Hand. Das Magazin faßt je nach Waffenlänge 8–10 Geschosse. Die Geschosse waren hinten mit einer (den Zündsatz umschließenden) Messingfolie abgedichtet, die vom Schlagbolzen durchschlagen und dann ausgeworfen wurde. Bereits seit 1854 scheint jedoch auch schon eine Zentralfeuerpatrone zur Verfügung gestanden zu haben. Zu den verschiedenen Beschriftungen der heute zwar teuren, aber nicht so sehr seltenen Pistolen sind einige weitere Hinweise nötig. *Smith* und *Wesson* verkauften bereits 1855 ihre Firmenanteile an ein Konsortium, das die Firma unter dem Namen ›Volcanic Repeating Arms Company‹ weiterführte. Bereits 1857 mußte die Gesellschaft ihren Konkurs anmelden, und *Oliver F. Winchester* konnte am 15. März des Jahres den

Nachlaß aufkaufen und als ›New Haven Arms Co.‹ weiterführen. Bis 1865 stellte er die inzwischen als ›Volcanic‹ bekannte Pistole her. Ein Jahr später nannte er seine Firma ›Winchester Arms Company‹. Vor diesem Hintergrund werden die Beschriftungen der Pistole verständlich: ›Smith & Wesson Norwich, Ct.‹ – ›Patented February 14, 1854‹ und ›Volcanic Repeating Arms Company New Haven, Conn. Patent Feb. 14, 1854‹. Die Pistole wurde in den Kalibern .30, 36, .38, .41 hergestellt und hatte die Lauflängen 10,2 cm, 15,2 cm und 20,3 cm.
Auch in den europäischen Ländern wurde eine Reihe von Repetierpistolen hergestellt – so erfolgreich wie die ›Volcanic‹ wurden sie allerdings nicht. Eine ausgefallene Waffe jedoch, die ›Gaulois‹, erfreute sich eine Zeitlang (ähnlich wie die ›Protector‹) einer gewissen Beliebtheit.

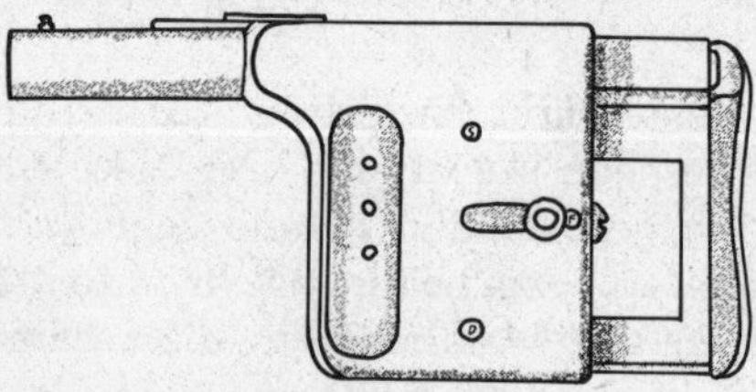

Repetierpistole Gaulois

Die Pistole ist insgesamt nur 12 cm lang, kann also gut in der Hand gehalten werden. Hineindrücken bzw. Wiederloslassen des hinteren Griffstücks bewirkt Schußabgabe, Hülsenauswurf und Repetieren. Das Kaliber beträgt 8 mm Zentralfeuer. Hergestellt wurde die Waffe kurz vor und nach der Jahrhundertwende von der ›Manufacture Française d'Armes‹ in St. Etienne.
Ebenfalls recht ausgefallen ist die sogenannte ›Harmonika-Pistole‹ von *Jarre,* der sie bereits 1862 in Frankreich und den USA patentieren ließ.

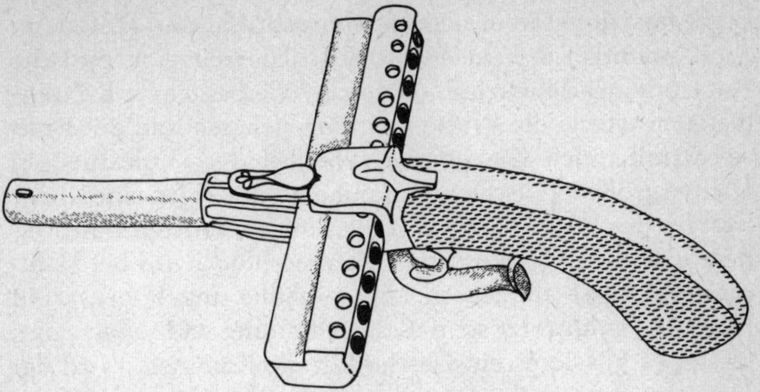

Harmonika-Pistole (Jarre)

Die Waffe arbeitet als Abzugsspanner und bewegt ein elfschüssiges Magazin mit jeder Abzugsbewegung um eine Kammer weiter von links nach rechts. Das Kaliber beträgt (etwa) 10 mm Stiftfeuer. Beschriftung: ›Jarre Breveté Paris‹.

Im weiteren Sinn ist auch die Pistole ›à glissière‹ von *Victor Collette* zu den Repetierwaffen zu rechnen. Die Pistole wurde in den fünfziger und sechziger Jahren des 19. Jahrhunderts in Lüttich hergestellt und ist zumeist unter der Bezeichnung ›Schwerkraftlader‹ bekannt.

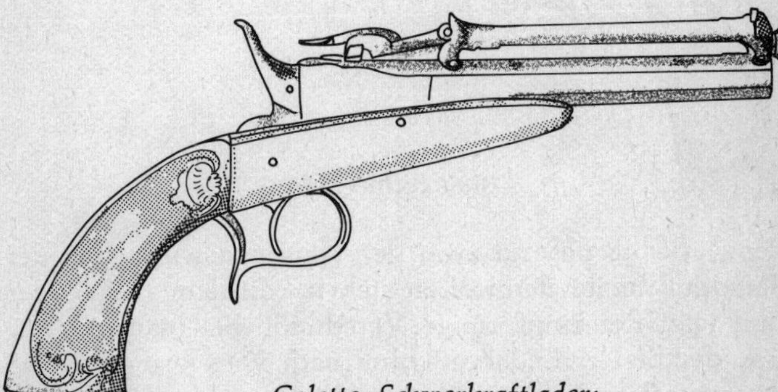

Colette-›Schwerkraftlader‹

Das Magazin ist über dem Lauf angebracht und läßt, da in der Gesamtlänge beidseitig offen, jederzeit eine optische Kontrolle des Magazininhaltes zu. Wie bei einem Röhrenmagazin wurde die Waffe von vorn geladen und zwar mit selbsttreibenden Geschossen (wie bei der ›Volcanic‹) in Kalibergrößen zwischen 9 mm und 13 mm. Das eigentliche System der Waffe läßt sich mit wenigen Worten beschreiben. Ein vertikal beweglicher Kammerblock wird bei Hammerstellung ›Laderast‹ in Magazinhöhe angehoben. Hält man die Pistole jetzt so, daß die Mündung nach oben zeigt, gleitet (à glissière) ein Geschoß in die Kammer. Wird der Hammer dann in Spannstellung gebracht, gleitet die Kammer wieder vor den Lauf. Die Pistole ist jetzt schußfertig.
Eine Reihe weiterer, meist viel zu komplizierter Konstruktionen wurde kurz vor der Jahrhundertwende besonders im deutsch-österreichischen Raum entwickelt – aber alle diese Waffen verschwanden nach kurzer Zeit wieder von der Bildfläche. Zu ihnen zählt die 1893 von *Gustav Bittner* vorgelegte Pistole.

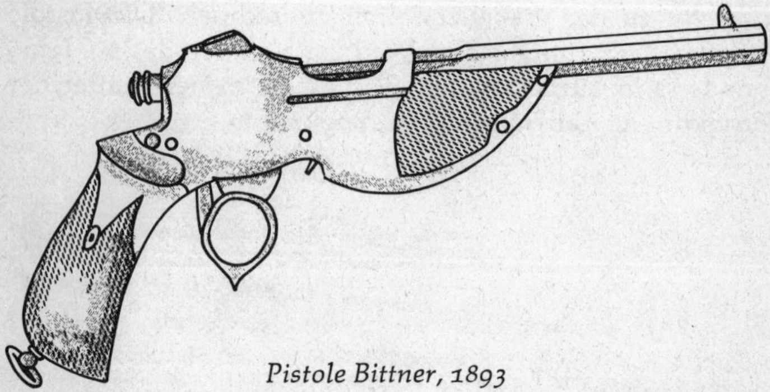

Pistole Bittner, 1893

Der Rückstoß besorgt zwar den Hülsenauswurf, aber der Verschluß bleibt dann offen stehen. Mit dem Zeigefinger muß jetzt der ringförmige Verschlußhebel betätigt werden, der den Zylinderverschluß nach vorn bringt, wobei eine neue Patrone eingeführt und die Waffe gespannt wird.

Das Kastenmagazin der Pistole faßt einen Ladestreifen mit fünf Patronen.
Durchaus ähnliche Waffen lagen von *Laumann*

Pistole Laumann

und von *Passler & Seidl* vor.

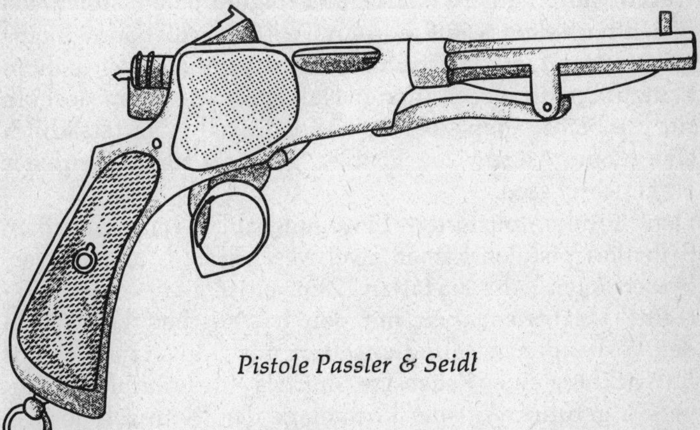

Pistole Passler & Seidl

Diese Pistolen sind ausgesprochen selten, ebenso wie die Repetierpistolen von *Mauser, Schulhof* oder *Krnka*.

Die Selbstladepistolen

Genaugenommen gehören die Selbstladepistolen bereits zur Peripherie unseres Überblicks. Da jedoch gerade die Pioniermodelle zu den waffengeschichtlichen Höhepunkten zählen, seien die wichtigsten dieser frühen Raritäten hier noch genannt. Zuvor jedoch noch einige Anmerkungen.

Häufig wird die Selbstladepistole als ›automatische Pistole‹ bezeichnet, und diese Kennzeichnung ist zumindest ungeschickt. Denn ›automatisch‹ ist nach allgemeinem Verständnis eine Waffe erst dann, wenn mit Durchziehen und Festhalten des Abzuges eine Schußfolge (wie etwa bei der Maschinenpistole) ausgelöst werden kann. Selbstladepistolen sind also Halbautomaten. Die Begriffsverwirrung stammt aus der Zeit vor und um 1900, als man Pistolen, die unmittelbar nach Schußabgabe wieder feuerbereit waren, ›automatisch‹ nannte und folglich jene Pistolen, bei denen nach dem Schuß nur ein Teil des Selbstladevorganges stattfand, als Halbautomaten bezeichnete. Wir sollten heutzutage die Bezeichnung ›Halbautomat‹ schon deshalb für die Selbstladepistole verwenden, weil es ja tatsächlich eine kleine Anzahl von Pistolen gibt, die für Reihenfeuer eingerichtet sind.

Den hochkomplizierten Bewegungsabläufen der frühen Selbstladepistolen kamen zwei wesentliche Munitionsverbesserungen sehr zustatten. Zum einen hatte eine allgemeine Unzufriedenheit mit den ballistischen Leistungen der vorhandenen Munitionsarten mit Schwarzpulver zur Entwicklung eines neuen Treibmittels – des rauchlosen Pulvers – geführt. Auf der Grundlage der ›Nitrozellulose‹ – bekannt seit 1846 durch *Friedrich Schönbein* – wurde in Frankreich 1886 von *Vieille* das einbasige ›Nitrozellulosepulver‹ hergestellt. In England hingegen wurde 1889 von

Abel und *Dewar* das zweibasige ›Nitroglyzerinpulver‹ (Kordit) auf den Markt gebracht. Beide Pulverarten sind sogenannte Dichtepulver, nehmen also bei gleicher Leistung weniger Platz ein als das Schwarzpulver. Mit Hilfe dieses neuen, sehr viel wirksameren Treibmittels wurden die erstrebte, annähernd gestreckte Flugbahn und das kleinkalibrige Geschoß mit hoher Auftreffenergie möglich. Vom Geschoß gingen jetzt allerdings Schwierigkeiten aus. Ein Problem bestand darin, daß das Bleigeschoß zufolge der Rasanz den Zügen nicht mehr folgte. Ein anderes Problem zeigte sich bei den Repetier- und Selbstlademechanismen, denn die relativ weichen Bleigeschosse wurden beim Ladevorgang häufig deformiert. Ein Ausweg aus diesem Dilemma brachte die Erfindung des Mantelgeschosses (in Preßführung), woran dem schweizerischen Offizier *Rubin* wohl wesentliche Beteiligung zugesprochen werden muß. Mit dieser Munition funktionierten die Selbstladepistolen ausgezeichnet, zumal – ein weiterer Vorteil – die Verbrennungsrückstände jetzt so gering waren, daß der empfindliche Verschlußmechanismus nicht mehr gestört wurde.

Das Verschlußproblem, um auch dazu noch einen Satz zu sagen, war gewissermaßen von Anfang an konstruktiv ›richtig‹ gelöst worden. Für leichte Munition genügte der unverriegelte Masseverschluß (›System Browning‹), während für stärkere Patronen bzw. Patronen mit nicht-konischen Hülsen der verriegelte Verschluß verwendet wurde, bei dem Lauf und Verschluß im Schuß gemeinsam zurücklaufen und erst dann entriegelt werden, wenn das Geschoß den Lauf verlassen hat.

Zu den ersten bedeutenden Selbstladepistolen gehört die ›Bergmann‹, System *Schmeisser* (Deutschland).

Die Waffe ist für die Kaliber 5 mm, 6,5 mm und 8 mm ausgelegt. Sie kam 1894, bzw. in anderer Version 1896, auf den Markt. Die ältere Waffe verfügt über einen Masseverschluß, die zwei Jahre jüngere Pistole hat einen verriegelten Verschluß.

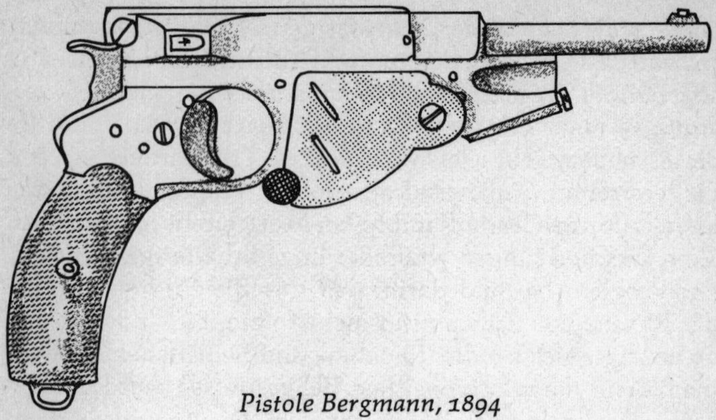

Pistole Bergmann, 1894

Die ›Dormus-Pistole‹ wurde 1894 vorgelegt (Österreich).

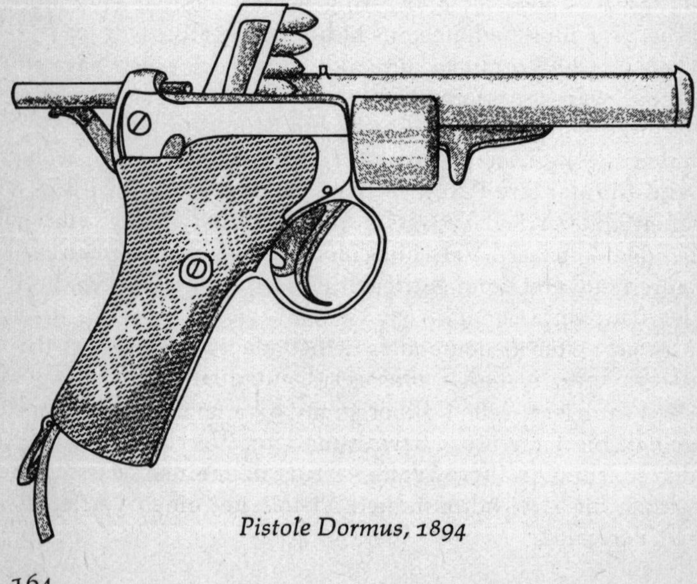

Pistole Dormus, 1894

Die Waffe hat Masseverschluß und ist im Kaliber 8 mm ausgelegt. Das Magazin ist im Griff untergebracht. Der Verschluß kann durch Zurückziehen eines mit einer Schiene unter dem Lauf längsbeweglich angebrachten Hebels geöffnet werden.
Die ›Mannlicher-Pistole‹ aus dem Jahre 1894 (Österreich) hat unverriegelten Verschluß und eine Magazinkapazität von fünf Patronen im Kaliber 8 mm. Die Eigentümlichkeit dieser Pistole besteht darin, daß im Schuß der Lauf nach

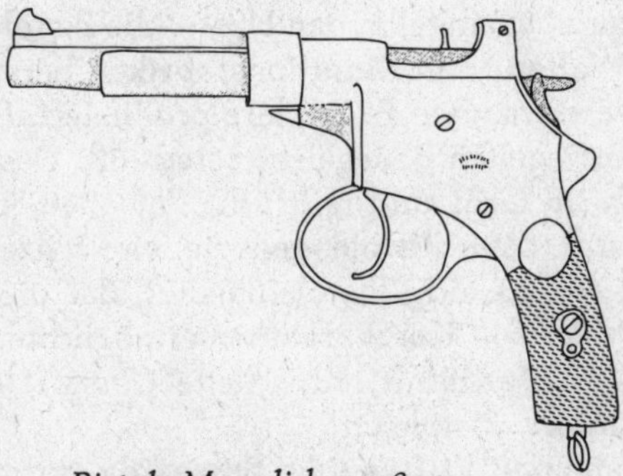

Pistole Mannlicher, 1894

vorn gleitet – wie auch später bei der ›Schwarzlose-Pistole‹. Im übrigen fällt die Waffe in diesem Zusammenhang insofern etwas aus dem Rahmen, als der Hammer nach dem Schuß (Spannabzug) nicht gespannt war. – Die Pistole wurde nie Ordonnanzwaffe, im Gegensatz zu ihrer sehr viel mehr verbreiteten Nachfolgerin ›Modell 1901‹ (Kaliber 7,63 Mannlicher), die zwar nicht in Europa, wohl aber in Argentinien Armeewaffe war.
Eine schon klassische Pistole ist unter Sammlern die ›Borchardt‹ (Deutschland) aus dem Jahr 1893 (Produktionsbeginn 1894).

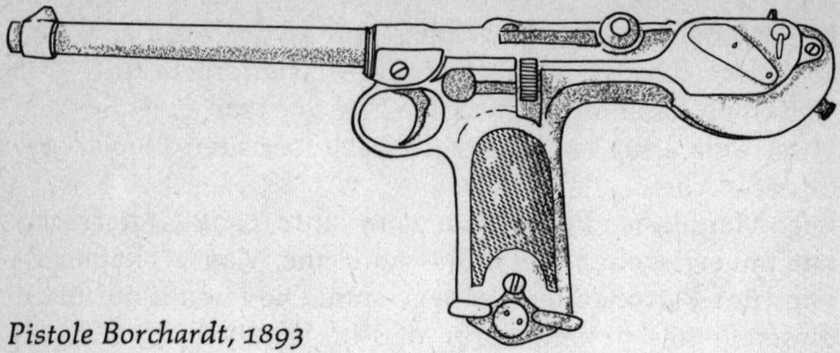

Pistole Borchardt, 1893

Hugo Borchardt war deutschstämmiger Amerikaner und ließ – wegen Interessemangel in den USA – die Pistole von den Deutschen Waffen- und Munitionsfabriken herstellen. Bis 1900 wurden etwa 3000 Exemplare produziert. Die Waffe hat einen verriegelten Kniegelenkverschluß. Das Magazin befindet sich im Griff und faßt acht Patronen im Kaliber 7,65 Borchardt. Zur Pistole gehörte ein hölzerner Anschlagschaft (gleichzeitig Pistolentasche), der die Verwendung der Waffe als Kurzkarabiner ermöglichte. Aus der etwas klobigen Borchardt entwickelte *Georg Luger* dann die weltberühmte ›Pistole 08‹.
Ähnlich legendären Ruf wie die Borchardt, nur obendrein auch größere Popularität, hatte die ›Mauser-Pistole C 96‹.

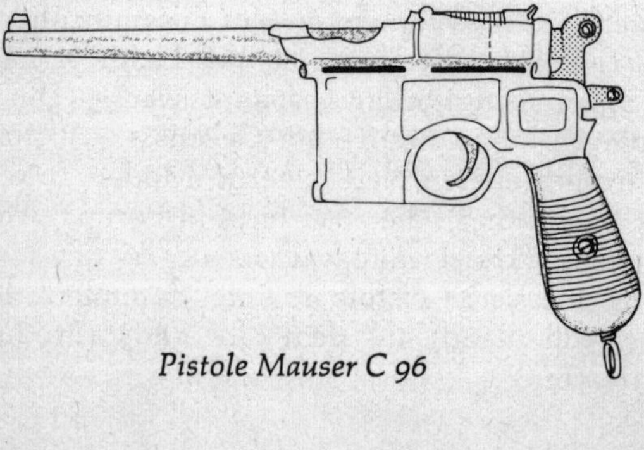

Pistole Mauser C 96

Sie ist – neben der ›Browning von 1899‹ – diejenige Pistole, die diesem neuen halbautomatischen Waffentyp endgültig zum Durchbruch verhalf. Die ›C 96‹ wurde in Deutschland nie Ordonnanzwaffe, hatte sich aber wegen ihrer außerordentlich guten Qualität und Leistung bald – auch und vor allem im Ausland – einen so hervorragenden Namen gemacht, daß die Mauser-Fabrik schnell zu ungewöhnlich hohen Fertigungszahlen kam. Im Ersten Weltkrieg wurde für die deutsche Truppe eine Variante im Kaliber 9 mm Para hergestellt – erkennbar an der großen 9 auf den Griffschalen –, in Spanien wurde ein Reihenfeuer-Modell entwickelt, und die Chinesen kopierten die Waffe so genau, daß auch die deutsche Original-Beschriftung (orthograpisch häufig nicht korrekt) wiedergegeben wird. Man kann an diesen wenigen Beispielen bereits das Variationsspektrum der Waffe erkennen, das weit über die drei Hauptmodelle der Mauserwerke hinausgeht (nämlich noch: das verbesserte kürzere ›Modell 1902‹ und das ›Modell 1932 Reihenfeuer‹). Die ›C 96‹ in ihrer Grundkonstruktion ist eine halbautomatische, verriegelte Selbstladepistole im Kaliber 7,63 Mauser – einer Patrone übrigens, die stärker ist als die 9 mm Para bzw. die .45 Auto. Colt. Die Waffe hat ein Kurvenvisier bis 1000 m und kann mit hölzernem Anschlagschaft (gleichzeitig Pistolentasche) als Kurzkarabiner eingesetzt werden. Das Kastenmagazin liegt vor dem Abzugsbügel und wird mit 10 Patronen durch Ladestreifen geladen. – Für den Sammler ist die ›C 96‹ wegen der fast dreißig Varianten ein recht aufwendiges Sammelobjekt, denn die Sonderformen mit kleinem Serienbereich sind doch inzwischen recht teuer geworden. Die bei weitem teuerste Mauser-Pistole dürfte allerdings jene ›C 96‹ sein, die 1971 für knapp $ 10 000,– bei *Sotheby's* versteigert wurde: sie gehörte einst Sir Winston Churchill.

Schlußbemerkungen

Einige grundsätzliche Gedanken seien an dieser Stelle noch einmal zusammengefaßt. Ein Sammler wird – unabhängig von seiner Motivation – immer Wert auf eine echte, intakte und (bei neueren Stücken) nummerngleiche Waffe legen. Im seriösen Handel wird der Käufer in der Regel nach bestem Wissen beraten, aber er ist dadurch vor Falsifikaten keineswegs geschützt. Bei kostenaufwendigen Objekten – das ist ein sehr relativer Begriff und beginnt, je nach Vermögenslage, unter Umständen bei wenigen hundert Mark – bei im Verhältnis teuren Stücken also sollte der Käufer keine Möglichkeit der Voraus- und Eigeninformation durch entsprechende Literatur oder sachkundige Freundschaftshilfe auslassen. Es empfiehlt sich auch durchaus, eine Lupe bei sich zu tragen. Stilistische Unverträglichkeiten im Kleindekor, unterschiedliche Metallfarben usw. lassen sich oft nur auf diese Art sicher erkennen. Wichtig ist die Vergrößerung besonders bei der Beurteilung von Stempelmarken, denn diese Kennungen sind bei Fälschungen normalerweise nicht geschlagen, sondern graviert. Gravierte Stempel aber weisen winzige Spanmuster und Stichelmarken auf, und es fehlt natürlich auch der Randgrat. Wo nötig, sollte aber auch eine Expertise bzw. ein metallurgisches Gutachten angefordert werden. Dieser Aufwand, sofern er in vernünftiger Relation zum Objekt steht, lohnt sich allein schon im Hinblick auf etwaigen Weiterverkauf. Es erübrigt sich wohl, in diesem Zusammenhang darauf hinzuweisen, daß den häufiger anzutreffenden Zertifikatszettelchen – vorgedruckt und gewissermaßen serienmäßig mitgeliefert – keine große Bedeutung zukommt.

Auf den Waffenzustand sollte beim Kauf allergrößtes Augenmerk gerichtet werden. Von einer Waffe in ansehnlichem Erhaltungszustand zu einer Waffe in hervorragendem Zustand kann sich der Preis verdoppeln, und der Käufer sollte wissen, daß schon der Teilverlust der Originalbrünierung oder ein nicht nummerngleiches Einzelteil den Wert der Waffe reduziert. Die Praxis sieht nun allerdings so aus, daß der Sammler im Wortsinn oft keine Wahl hat und unter Umständen sogar lädierte Stücke erwirbt. Hier stellt sich dann die Frage nach dem zulässigen Grad der Restauration, und die Meinungen gehen dazu leider etwas auseinander. So findet sich die Auffassung, daß die womöglich erforderliche Wiederherstellung der Funktionstüchtigkeit fach- und stilgerecht durchgeführt werden darf, aber – dies vor allem – als solche gekennzeichnet werden muß. Puristen lehnen derlei Manipulationen ab und beschränken sich darauf, die Waffe zu konservieren. Das bedeutet zunächst und zumeist Schutz vor weiterem Verfall, also zuvörderst Entrostung, wobei die Methoden der Entrostung vom Wert und Zustand der Waffe abhängen. In jedem Fall empfiehlt sich größte Zurückhaltung bei der Verwendung mechanischer Mittel, da sie, ähnlich wie die narbenbildenden chemischen Mittel, zusätzlichen Oberflächenschaden anrichten können. Die Verwendung von Rostumwandlern setzt sich in jüngster Zeit als drittes Verfahren durch, und der Waffenbesitzer kann also für den Einzelfall sorgsam die adäquate Methode auswählen. Schäfte können, falls nötig, abgebeizt und, bei Wurmstichigkeit, auch mit einer Kunstharzlösung getränkt werden. Im übrigen ist bei altem Holz Leinölpflege immer noch das geeignetste Verfahren. Die vor allem gegen Handschweiß (Besucher!) empfindlichen Metallteile können durch Lack- oder Wachsbeschichtung geschützt werden, zumindest aber empfiehlt sich die Verwendung eines kapillarwirksamen Waffenöls wie z. B. Ballistol. Zu den Selbstverständlichkeiten sollte auch der Gebrauch von geeignetem Werkzeug gehören – ein Blick auf die Schraubenköpfe alter Waffen zeigt, wie berechtigt dieser Hinweis ist. Eine letzte Empfehlung – gewissermaßen in umgekehrter Richtung – erscheint allerdings ebenso gerechtfertigt: es gibt eine Menge Waffen, die nicht kaputtgeschossen, sondern kaputtgeputzt werden. Man hüte sich also vor gutgemeinten Übertreibungen. Die berüchtigte Dünnläufigkeit vieler Preußenwaffen ist das klassische Beispiel dafür, wie um des angestrebten Exerzierglanzes willen gewissermaßen par ordre die Waffen ruiniert wurden.

Ein Wort auch noch zu den Replikas, also jenen mehr oder weniger exakten Nachbauten historischer Revolvermodelle, die in den letzten Jahren den Markt geradezu überschwemmt haben. Generell gilt hier die Empfehlung, den Kauf mit größter Umsicht und Vorsicht zu tätigen. Eine Vielzahl von Modellen (oft italienischer Provenienz) ist von äußerst bedenklicher Qualität, und wer aus eigener Anschauung nicht weiß, wie deformiert Pistons und Hammernasen nach dreißig Schuß sein können, der lese wenigstens die Modellreportagen und kritischen Auseinandersetzungen im DWJ. Replikas guter und sehr guter Qualität sind natürlich für erheblich mehr Geld zu haben und zwar in der Regel bei jenem Teil des Fachhandels, der einen Namen zu verlieren hat. Das Schießen mit solchen Waffen macht dann auch nach Jahren noch Freude, und wer einen Colt ›New Model Army‹ sich im Original nicht leisten will, der hat mit einer Qualitätsreplika mehr als nur einen Ersatz.

Das neue Waffengesetz

Seit dem 1. Januar 1973 gibt es in der Bundesrepublik Deutschland ein miserabel vorbereitetes neues Waffenrecht. Leider fallen viele der im Vorangehenden beschriebenen Waffen unter die neuen Bestimmungen, und darum sei hier einiges Grundsätzliches gesagt.

Erinnern wir uns kurz an das, was vorausging. Bereits in den sechziger Jahren war erkennbar, daß es für den unbescholtenen Bürger immer schwerer wurde, über den Bedürfnisnachweis einen Waffenschein bzw. eine Faustfeuerwaffe zu bekommen Das behördliche Mißtrauen gegenüber privatem Waffenbesitz war unverkennbar und wurde größer proportional zu den Studentenunruhen und zur ansteigenden Kurve der Gewaltkriminalität. Zu Beginn der siebziger Jahre setzte ein gewisser Additionseffekt ein, als sich durch Bankraubserien mit Geiselnahme und vor allem durch das Auftreten politischer Extremisten um Andreas Baader und Ulrike Meinhof die politische Führung jedweder Couleur zu Kraftakten gefordert glaubte. Für diese Situationen – das ist auch schon nach kürzerem Nachdenken klar – reichen angemessener Polizeieinsatz (vorausgesetzt, die Polizei ist gut ausgerüstet, gut ausgebildet und gut besoldet) und das Strafgesetz völlig aus. Daß mehr und anderes daraus wurde, gibt Anlaß zur Sorge. Es war deprimierend, mitansehen zu müssen, wie eine bestimmte in Waffenbelangen ohnehin sehr kenntnisarme und zur Hysterie neigende Tagespresse jetzt vollends die Contenance verlor, wie sie mit den Begriffen ›Ruhe und Ordnung‹ ihr ahnungsloses Spielchen trieb und die Legislative zu drakonischen Maßnahmen aufforderte. Erschreckend war die Reaktion des Parlamentes, also immerhin der Vertretung des Volkes: mit Blick auf eben diese Journaille, aus Angst wohl auch vor Waffen im eigenen Volk – welch Unterschied zur Schweiz! – billigte das Parlament in einer Sondervorstellung für akausales Denken jenes hastige Waffengesetz, das wohl eher ein gigantischer Extremistenerlaß ist. Inzwischen gibt es widersprüchliche Durchführungsverordnungen, und dringend notwendige Novellierungen stehen bevor. Sollte in der Zwischenzeit sich jemand beschweren wollen, so tue er das bitte bei seinem Abgeordneten. Daß dieser bei der entscheidenden Lesung dabei war, ist allerdings nicht sehr wahrscheinlich: ganze dreißig Volksvertreter nahmen an der Sitzung teil!

Die Grundidee des Gesetzes sieht für die Mehrzahl der Waffen eine Anmeldepflicht vor, d.h., Waffenbesitz ohne Waffenbesitzkarte ist jetzt in aller Regel strafbar. Die Zuerkennung der Waffenbesitzkarte bei Neuerwerb regelt sich nach wie vor über den Bedürfnisnachweis, und obwohl ursprünglich großzügige Handhabung vorgesehen war, sieht die Praxis in vielen Ordnungs- und Landratsämtern zum Steinerweichen aus – und das bei Sportschützen, Jägern und Sammlern. Die Anmeldefrist für Waffenbesitz lief am 30. 6. 1973 ab, und wie zu erwarten, sind nur für einen Bruchteil des geschätzten Waffenbestandes Waffenbesitzkarten beantragt worden. Diejenigen, gegen die der Gesetzgeber in seiner unendlichen Naivität das Gesetz erlassen hat, die sich ihre Waffen noch nie legal beschafft haben und das auch nie tun werden, sie sehen dem Treiben gelassen zu und begrüßen sicher, daß die allmähliche Entwaffnung der Bevölkerung ihr Berufsrisiko mindert. Bis jetzt steht fest, daß Waffen nur von solchen Leuten angemeldet wurden, die diese Waffen nie verborgen haben. Ihnen entstehen jetzt Ärger und Kosten, sie müssen sich obrigkeitlichem Ausforschen aussetzen. Oder sollte jener bayrische Ministeriale die wahre Absicht des Gesetzgebers wiedergegeben haben, als er schrieb, mit dem neuen Gesetz könne man vielleicht den privaten Waffenbesitz à la longue aus dem Verkehr ziehen?

Um konkret zu werden. Verboten sind zerlegbare Wildererwaffen, Waffen, die einen anderen Gegenstand vortäuschen (schießende Kugelschreiber u. a.), vollautomatische und halbautomatische Kriegswaffen usw. Frei sind ausgesprochene Harmlosigkeiten, wie bestimmte Reizstoffwaffen, Luftgewehre usw. Es wäre müßig, an dieser Stelle katalogmäßig aufzuzählen, da zahlreiche informierende Broschüren erhältlich sind. Für die handelsüblichen Lang- und Kurzwaffen regelt sich der Erwerb über die Waffenbesitzkarte. Sie wird für die Waffe der Wahl bei der Behörde beantragt und dann, falls genehmigt, dem Waffenhandel als Legitimation vorgelegt. Weil noch sehr viel im Fluß ist, soll auf Details verzichtet werden. Die Frage, ob eine Waffe genehmigungspflichtig ist oder nicht, stelle man getrost der Behörde. Ein Hinweis auf den grotesk-restriktiven Charakter des neuen Gesetzes soll aber doch gegeben werden: § 28 Abs. 3 Nr. 1 soll wieder gestrichen werden, d. h., alle Pistolen und Revolver, die bislang freiverkäuflich waren, weil für sie keine Munition mehr hergestellt wird, werden wohl nachträglich angemeldet werden müssen, und man wird sie nur noch mit Waffenbesitzkarte erwerben können.

Wie begründet der Sammler sein Bedürfnis zum Erwerb einer Waffe? Das Gesetz regelt diesen Sachverhalt in § 32 Abs. 1 Nr. 4: »Ein Bedürfnis ... liegt ... vor, wenn der Antragsteller glaubhaft macht, als Waffensammler wissenschaftlich oder technisch tätig zu sein oder durch den Erwerb eine kulturhistorisch bedeutsame Sammlung anzulegen oder zu erweitern, sofern diese gegen unbefugten Zugriff genügend gesichert ist.« Man sollte sich also vor Antragstellung seine Gedanken machen, denn ganz sicher wird dem undifferenzierten Ansammeln von Schießeisen hierdurch Einhalt geboten. Nun, es gibt genügend Kriterien, nach denen gesammelt werden kann, und auch wer seine erste Waffe erwirbt, ist ja dabei, eine kulturhistorisch bedeutsame Sammlung anzulegen, sofern er angeben kann, warum er diese und keine andere Waffe haben will.

Noch einen Satz zum Schluß. Es gibt auch freundliche Beamte. Seien wir also nett, soweit möglich – und erst unerbittlich, wenn nötig. Wer jahrelang ohne zu murren das lächelnde Unverständnis der Ehefrau und das mitleidige Staunen der Kollegen ertragen hat, der wird auch am Schalter mit leidenschaftsloser Nachsicht die ›Bedürfnisprüfung‹ über sich ergehen lassen.

Stempelmarken

Zu den wesentlichen Bestimmungsmerkmalen von frühen Waffen gehören, neben den ja zumeist für sich sprechenden Signaturen, die Stempelmarken. Wir unterscheiden in diesem Zusammenhang zwischen den beiden Großgruppen der Meistermarken und der Kontrollstempel. Einige für den zentraleuropäischen Raum typische Kennungen seien im folgenden aufgeführt. – Der Literaturhinweis nennt weiterführende Arbeiten.
Die Büchsenmacher verwenden entweder figürliche Stempel, wobei der dargestellte Gegenstand fast immer in Beziehung zum Namen steht, oder sie gebrauchen Namensstempel bzw. Initialenstempel. Diese Buchstabenstempel des 17. und 18. Jahrhunderts sind häufig in Kreise, Rechtecke o. ä. gesetzt, und die Form dieser geometrischen Gebilde liefert in der Regel nützliche Zusatzhinweise. So hat Lüttich oft das Viereck mit Krone und Initialen, und für Ripoll ist der volle Name in asymmetrischer Herzform typisch. In vielen Fällen verbinden sich im Buchstabenstempel Meister- und Stadtinitialen, gelegentlich unter Verwendung eines Stadt- oder Herrschaftssymbols. Die meisten Suhler Stempel weisen z. B. als figürlichen Zusatz eine Henne – für Henneberg – auf.
Stempel sehr viel offizielleren Charakters waren die Kontrollstempel. Sie zeigten an, daß die Waffe eine Qualitätsprüfung durchlaufen hatte und den Anforderungen der Zünfte oder den jeweiligen Stadtbestimmungen genügte. Derartige Beschußstempel sind seit dem 14. Jahrhundert belegt – in späteren Jahrhunderten werden dann aus Zunftvorschriften bindende Landesgesetze. Überlieferte Detailangaben zum Beschuß sind nicht allzu häufig, wir wissen allerdings von rigorosen Anforderungen an Waffe und

Lauf – so wurden etwa Pulvermengen vorgeschrieben, die dem Kugelgewicht entsprachen.

Im folgenden einige wichtige Stempelmarken aus Deutschland:

Nürnberg

Suhl

Augsburg

Potsdam

Schwäbisch-Gmünd

Essen

Gotha

München

Zella

Einige Stempelmarken benachbarter Länder:

London (*V*iew Mark)

London (*G*unmakers' *P*roof)

London (*F*oreigner)

Birmingham

Zürich

Ferlach

Genf

Prag

Straßburg

Wien

St. Etienne

Lüttich

Charleville

Amsterdam

Antwerpen

Utrecht

Literatur

Atkinson, J. A. – Duelling Pistols and Some of the Affairs they Settled, London, 1964
Blair, Claude – European and American Arms, London, 1962
Blair, Claude – Pistols of the World, New York, 1968
Bock, G./Weigel, W. – Handbuch der Faustfeuerwaffen, Melsungen, 1971
Chapel, Edward C. – The Gun Collector's Handbook of Values, New York, 1973
Deutsches Waffen-Journal, Schwäbisch Hall
Eckardt/Morawietz – Die Handwaffen des brandenburgisch-preußisch-deutschen Heeres, Hamburg, 1973
Edwards, W.B. – The Story of Colt's Revolver, Harrisburg, 1953
Essenwein, A. – Quellen zur Geschichte der Feuerwaffen, Leipzig, 1872
George, I.N. – English Pistols and Revolvers, London, 1961
Götz, Hans-Dieter – Waffenkunde für Sammler, Stuttgart, 1973
Gun Digest, Chicago
Hayward, John F. – Die Kunst der alten Büchsenmacher, 2 Bd., Hamburg, 1968, 1969
Hoff, Arne – Feuerwaffen I und II, Branschweig, 1969
Hogg, I.V. – Armee-Pistolen und -Revolver, Stuttgart, 1972
Lenk, Torsten – The Flintlock: its Origin and Development, London, 1965
Lister, R. – Antique Firearms, their Care, Repair and Restoration, London, 1963
Lugs, Jaroslav – Das Buch vom Schießen, Prag, 1968
Neal, R.J./Jinks, R.G. – Smith and Wesson 1857–1945. A Handbook for Collectors, London, 1966

Parsons, John E. – Henry Deringer's Pocket Pistol, New York, 1955
Peterson, Harold L. – Alte Feuerwaffen, München, 1966
Peterson, H./Elman, R. – Berühmte Handfeuerwaffen, München, 1973
Peterson, Harold L. – The Encyclopedia of Firearms, London, New York, 1964
Pope, D. – Feuerwaffen, München, 1965
Schedelmann, H. – Die Wiener Büchsenmacher und Büchsenschäfter, Berlin, 1944
Schinmeyer, Klaus – Handfeuerwaffen – gestern und heute, Melsungen, 1971
Schmidt, Rudolf – Die Handfeuerwaffen, Reprint, Graz, 1968
Smith, W. H. B./Smith, J. E. – Small Arms of the World, Harrisburg, 1960
Støckel, J. F. – Haandskydevaabens Bedømmelse, 2 Bde., Kopenhagen, 1964
Stöcklein, H. – Meister des Eisenschnittes, Esslingen, 1922
Thierbach, M. – Die geschichtliche Entwicklung der Handfeuerwaffen, Dresden, 1886, oder Reprint, Graz, 1965
Venner, Dominique – Le Livre des Armes, Tome 1: Pistolets et Revolvers, Paris, 1972
Waffen-Revue, Nürnberg
Wilkinson, Frederick – Antique Firearms, New York, 1969
Wilkinson, Frederick – Small Arms, London, 1965
Williamson, H. F. – Pepperbox Firearms, New York, 1952
Winant, Lewis – Firearms Curiosa, New York, 1955

Sachregister

L

M

T

U

V

W

Z